흔적 아닌 것이 없다

흔적 아닌 것이 없다

1판 1쇄 발행 | 2018년 10월 15일

지은이 | 오차숙
발행인 | 이선우
펴낸곳 | 도서출판 선우미디어
등록 | 1997. 8. 7 제305-2014-000020
02643 서울시 동대문구 장한로12길 40, 101동 203호
☎ 2272-3351, 3352 팩스: 2272-5540
sunwoome@hanmail.net

값 15,000원

※ 이 도서의 국립중앙도서관 출판예정도서목록(CIP)은 서지정보유통지원시스템 홈페이지(http://seoji.nl.go.kr)와 국가자료공동목록시스템(http://www.nl.go.kr/kolisnet)에서 이용하실 수 있습니다.(CIP제어번호: CIP2018032518)

ISBN 978-89-5658-587-1 03810

아방가르드 에세이

흔적 아닌 것이 없다

오차숙 지음

선우미디어 sunwoomedia

오차숙, 色이 다른 수필세계

윤재천

(한국수필학회 회장, 전 중앙대 교수)

수필문학은 상상력을 바탕으로 하는 창작예술이다.

많은 수필가는 기존 고정관념에서 벗어나지 못해 그 생각에 이르지 못할 때가 있다. 수필도 고정된 사고에서 벗어나지 못하고 길들여진 것에 매달리거나 집착하게 되면 매우 위험하다. 수필의 정체현상은 한 시대의 작가들을 제자리에 머물게 해서 그 창의성을 거세시키기 때문이다.

> 티끌까지도 변화되어 가는 세상,
>
> 수필이라는 장르도 양복과 넥타이로 치장한 채 큰 기침 소리만 내는 것은 권태롭다 못해 잔인하다.
>
> 요즘은 감정의 천식을 앓고 있는 사람들이 적지 않아 그 천식을 치료해 줄 수 있는 특유의 필터를 가진 공기청정기가 필요하다. '일탈' 이라는 울타리 안에서 개성의 울림이 있는 곳, 영혼의 그림자가 제멋대로 춤을 추며 간간이 몽환적인 꿈을 꿀 수 있는 곳, 간간이 일탈해서 꿈을 꾸는 것만으로 다시 글쓰기에 도전할 의욕이 생긴다면 누구든지 이 시대를 외면할 필요가 없다. 글쓰기에 정답이 어디 있으랴. '태어나면 죽는다' 는 것 외에 정답이 있는 것은 하늘 아래 아무 것도 없다.
>
> –「부자유로부터 벗어난 그 어떤 해방감」 중에서

『한국실험수필』 제4집 발간사를 보더라도,
오차숙은 한국수필에 새로운 길을 제시해 주고 있다. 그는 '한국실험수필작가회 회장'으로서, 이 시대 수필문학을 선도하는 데 남다른 역할을 하고 있다.
21세기는 브랜드가 중요한 시대이다.
과학과 명상이 융합되는 이 시대, 수필도 다른 장르와 접목하며 여러 각도의 이미지로 거듭나야 한다. 변화를 추구하기 위해서는 수필가 스스로가 이 시대 주역이 되어 한계에 봉착한 문제들을 극복해 나가야 한다.

수필은 이제 그 정체성을 견고하게 다지면서 영역을 확대해 나가고 있다. 문자만 모여서 단순히 글의 탑을 쌓아가는 것이 아니라, 미로 속을 헤매며 영혼을 탐구하고 예술로 거듭나는 주체가 되고 있다. 수필, 그 자체는 흰 종이 위에 의식 없이 써내려간 글자의 집합체, 단순히 고정된 진리만을 전하는 개념만이 아니라, 작품 내부에는 여러 가지 음률과 표정, 제스처가 존재한다. 그 현상을 문학적으로 승화시키기 위해 도전하는 작품세계가 아방가르드 수필로서, 실험수필이다.
오차숙은 아방가르드 수필을 쓰기 위해 10여 년 간 노력한 작가이다. 그의 작품은 전체적으로는 세잔의 그림처럼 안정적 배치를 이루고 있지만, 세부적으로는 문장과 행간마다 피카소 그림처럼 날이 서 있는 것이 특징이다. 함축미 속에는 불연속성과 엇박자를 기묘하게 표현하며 공존하는 특유성을 보여주기도 한다.

전통수필은 선정된 소재가 서로가 서로를 보듬듯이 맞물려있지만, 오차숙의 작품들은 상이한 주체들이 각자의 관점을 주장하며 한 문장 안에서 갈등과 반목의 과정을 거쳐 가까스로 화합에 이르곤 한다. 작가 자체가 영혼의 자유인이 되어 그 어떤 구속에서 벗어나는 것이 남과 다르게 나타난다. 기법을 정해놓고 다른 사람의 작법이나 형식을 따라가면 죽은 작품이 되기 때문에, 언제나 회색지대에 웅크리고 앉아 무의식의 춤사위를 보여주는 것이 특징으로 나타난다.

그것을 모르지 않는 오차숙은 자유로운 작법, 개성적 표출만이 기법 중 기법임을 깨닫고 있다. 실험수필의 진미를 모르지 않는 사람이다.
나는 제자들에게 작품 쓰기에 대해 기승전결이라든가 문법에 대해 구체적으로 제시한 적은 없다. 오직, 자기에게 맞는 수필을 써라. 개성과 끼가 있는 작가가 되어라. 기존의 가치를 허물고 항상 새로움을 향해 도전하며 특유의 브랜드를 가지라고 제시한다. 글을 쓸 수 있는 환경을 만들어 주는 데 주력한다.

그 가르침에 잘 따라 준 제자가 오차숙이다.
오차숙은 평범하고 자연적인 소재라 하더라도 경이로운 이미지로 각색해 독자에게 다가간다. 투명한 사실의 기록보다, 진실성을 추구하면서 반半 추상 속에서 모순성을 파헤치는 작품들을 보여준다.

앞으로도 내면세계에 지니고 있는 잠재성과 창의성을 잘 활용해서 좋은 글을 쓰는 작가가 되길 기대하고, 실험적인 작품집『흔적 아닌 것이 없다』발간을 진심으로 축하한다.

발간사

무중력 상태로 유랑하고 싶다

더위가 만만치 않다.
이 계절을 견뎌가며 원고를 묶는 것은 또 무슨 망령일까.
쏟아지는 폭포 밑에서 양팔을 파닥이며 일광욕을 하는 느낌이랄까. 방황하는 영혼을 어루만지듯, 컴퓨터 속에서 녹슬어가는 원고들을 주워 모으며 작업을 하다 보니, 정신이 깃털 같은 느낌이랄까.

선집을 비롯해 이곳저곳 발표했던 원고들이 많아 그동안 더욱, 손을 대고 싶지 않았다. 그래도 단행본으로 옷을 입혀 줘야 그들도 세상에 나와 제자리를 찾을 테니, 그들과 함께했던 나로서는 책을 묶을 수밖에 없다. 어쨌듯, 다음 생生에 태어나선 글을 쓰지 않을 것 같다. 홀가분하게 세상을 유랑하며 호호탕탕 웃어대고, 정말이지 영혼의 짐을 짊어지고 끙끙대는 삶에서는 풀려나고 싶다 정말이지.

이번 발간하는 책도,
눈과 머리로 사물을 인식해 주워 모은 글도 있지만, 잠재의식 속에서 슬그머니 끄집어낸 글도 없진 않다. 일상적인 것에 길들여져 있으면서도, 나름대로 의식의 흐름을 놓치지 않으려고 버둥대며 회색지대를 환기시키려고 노력했다. 문제는, 잠재의식 속 환영幻影들이 춤을 추듯 고개를 내밀었지만, 그것을 작품으로 형상화시키기엔 턱없이 부족했다.

다만,
내 영혼이 중천을 헤매며 휘돌아다닌다는 것에 공감할 뿐이었다. 내면세계에 충실하게 귀를 기울이려고 노력했지만, 현상만을 좇아가며 그 언저리만 맴돌 뿐, 많은 것을 담아내질 못했다.
글을 쓴다는 것은 부단한 설렘과 더불어 산다는 것이므로 그동안 긴장을 풀어본 적은 많지 않다. 새로움에 도전하며 실험수필을 고집하는 동안, '나'라는 존재는 팽팽한 긴장 속에서 살아왔음이 분명했다. 마음속에 독버섯처럼 돋아난 실체들을 뒤적거려보며 쾌쾌한 음성으로 괴성을 지르기도 하고, 존재와 부재 사이를 절감하며 지독한 허망함을 껴안아 보기도 했다.

일상적인 것이라 할지라도 그것을 구체적인 상황으로 내보이지 않고, 뇌리에 떠오른 그 어떤 현상을 반半추상적으로 승화시켜보려고 노력했다. 영혼의 연골이 굳어지지 않도록 관리하며 사물과 사물 사이, 작가와 독자 사이, 살아있는 자와 죽은 자 사이에서 영매靈媒역할을 해보려고 노력했다. 무의식까지도 자유롭게 조율해서 독자에게 행간을 읽게 했고, 술렁술렁 틈새를 남겨놓는 미완의 작품을 '완성을 향한 도전'이라 생각하며 글쓰기에 몰입했다.

하지만 이 순간,
모든 것은 뜻한 대로 되지 않음을 절감한다. 그게 내가 느낀 결론이다.

2018. 8월 3일 새벽

오차숙

차례

chapter 2

chapter 3

chapter **5**

Chapter 1

수필은 생生의 스토커

수필은 영혼을 탐색하는 더듬이다.

삶의 과정에서 떠오르는 그 무엇 하나, 마음속에 웅크리고 있는 상흔의 날갯짓이 유령처럼 다가와 툭툭 칠 때가 있어 그 괴물에게 발목 잡혀 방황하게 한다.

수필은 질펵한 땅을 찾아 헤매는 지렁이다.

간직하고 싶은 비밀 창을 두드리며 의문을 만들어 토해내게 하고, 아이돌 가수의 사생팬처럼 존재를 추적하며 달려드는 생生의 스토커다.

수필은 종합문학이다.

다원주의 시대에 장르 해체가 되고 있어, 작가의 자유로운 의식과 독특한 몸짓만이 무한한 상상력을 뿜어낸다. 마음속에 잠재된 무의식의 앵글angle을 통해 영혼을 구제하며 문학 중 문학으로 거듭난다.

(2014)

다만,

걸어간다.

고개를 내흔들며 달려가고 싶은 광장도 있었지만, 그곳은 길이 아니기에 만화경에 펼쳐진 풍경을 따라 묵묵하게 걸어간다. 저벅저벅 움직이는 동안 햇볕도 내리쬐고 천둥·번개 춤을 추었으나, 그냥 그렇게 그 길을 걸어간다.

용케도,
그 터널을 빠져나와 잠시 숨을 토해내니, 수만 평 논밭에는 통통한 벼이삭이 누렇게 익어간다. 이곳저곳 세워진 허수아비 혈관에도 생生이 꿈틀대기 시작하고, 여행 떠난 새들도 색옷을 입고 춤을 추며 사물놀이에 분주하다.
고향집 텃밭에도 홍시가 생긋생긋 주인 맞을 준비로 분칠하고, 저 멀리 고개를 들고 컹컹대던 진돗개도 꼬리로 연주를 하며 달려온다.

그건 분명,

그 고장 대大 잔치임을 선포하는 인증서다.
삼거리 한복판에 백년 묵은 대추나무가 붉은 열매를 토해내며 하늘을 바라보고 있어 더욱,

걸어간다.

(2016)

에스프레소의 마력

한낮의 빛이 어둠의 깊이를 어찌 알겠는가. -니체

인간은 언제나 파랑새 증후군에 시달리는 가냘픈 존재인가.

그 낙타는 그 증후군을 극복하지 못해 '문학'이라는 것을 찾아 망태를 둘러메고 사막을 걷기 시작했지. 미친 듯이 이 사막 저 사막을 헤매며 가야 할 시기에 놓쳐버린 학구열에 불을 지피기 시작했지. 가족에게 몰입했던 열정으로 문학에 함몰되기 시작하며 잃은 것도 없진 않았지.

고통 속에서 느끼는 희열, 사막의 오아시스에서 느낄 수 있는 생명수, 그 낙타는 고귀한 순간을 놓치고 싶지 않아 문학에 몰입, 그러나 잔인하게 특유의 독창성을 찾으려고 노력했지.

신 내림을 받는 시골처녀의 정신세계가 신주神主를 향해 열려 있을 때 광기 있는 무녀가 탄생되는 것처럼, 그 낙타도 칼날 위에서 붉은 피를 흘리며 그 무게를 감당하려고 땀을 훔쳤지.

보소보소.

세상은 권태로움 투성이, 그 혼란 속에서 심호흡을 하기 위해 실험수필 – 성性에세이, 아방가르드 에세이, 심지어는 땅속에 매장해 두었던 운동과 여행에도 몰입해 보기도 했지.

때론 그 낙타 스스로가 하늘이 되기도 하고 땅이 되기도 하면서.

아니 그 낙타,

거대한 스승이면서도 자유로운 의식의 선생님을 만나 '구름카페'에서 독한 에스프레소를 생수生水 삼아 도반으로 남을 수 있었으니….

(2014)

방종의 흔적

수마水馬는 방종의 흔적이다.
빠져나갈 곳을 남겨 놓아야 되는데, 길이 없다.
물골이 없다.
수마는 넓게 보면 죄의 흔적이다.

물은 온유하여 거만스럽지 않다.
혼자 속앓이 하시는 하나님 형상이다. 하지만, 하나님도 인간의 붉은 죄에 숨이 가빠 노아의 홍수를 내리셨고, 바벨탑 사건, 소돔과 고모라의 패망을 주저하지 않았다.

자연은 고양이 앞에 서 있는 쥐의 모습이다.
나의 이기심으로 자연을 할퀴며 춤을 추고 있으니, 화를 낼 것은 분명한 사실이다.
나는 자연을 조롱하고 있다. 죄의 디미에 버티고 서 있으면서도 견고한 고양이의 실체, IMF가 오거나, 수마가 오거나 쥐들만 죽어간다.

어디까지 갈 것인가.

한번쯤,

한강 둑이라도 무너져 내린다면 내 안의 오만이 세척될까.

(2013)

푸하하&보헤미안

흙땀을 닦을 겨를이 있었을까.
있는 그대로의 나무와 함께 건배를 나누었다.

3녀 1남을 키워가는 그 초췌함이란….
국방의 일익을 담당하는 한 남자의 아내라는 것 외엔, 1년 6개월마다 새 부임지를 찾아 이동해야 하는 30여 년간의 보헤미안적인 생활.

세탁기 유모차는 환상속의 그림이라 사치에 불과할 뿐, 자녀양육과 남자의 발전을 위한 내조만이 삶의 전부를 차지했었으니.
그 소용돌이치는 환경 속에서도 '푸하하' 웃음을 잃지 않고 태양처럼 광채를 띠며 곤한 영혼을 감싸주던 한 그루 나무.

세찬 풍우 속에서도 그 나무의 몸서리치는 염려와 독한 에너지, 그 바동거림이 양약이 되이 비람의 뇌리에도 깊숙이 전의, 독한 지병까지도 산화시키며 지금 이 시점, 빨. 주. 노. 초. 파. 남. 보 적인 삶을 디자인해 낼 수 있었으니.

마소마소 세월이 흐르자,
그 나무 변태를 부려 등려군의 '첨밀밀'을 배경음악으로 애절한 시詩 한 편을 누군가에게 보냈을 때, 그리고 우연히 그 여자의 회신을 스마트폰을 통해 몸소 느꼈을 때, '푸하하' 뇌리 속에 몰려오는 그 코딱지 같은 공. 허. 감이란….

(2014)

사막, 그 까짓것

엄마 잃은 캥거루 새끼가 광야를 그렇게 두려워했을까.

그 낙타의 10대, 20대의 경계선은 생生의 초점을 잃은 공황상태였음이 분명했다.
1970년 초반기 제주, 그곳에서 3등선 여객선에 몸을 실어 탯줄에서 떨어진 후 처음으로 '육지'라는 곳—부산에 위치한 조그만 암자.

그 낙타는 그 암자에서 연탄을 나르기도 하고, 공양도 거들기도 하다가 연못에서 초연하게 헤엄치는 금붕어를 바라보았을 때, 잠재적으로 의식의 전환기, 무의식의 전환기가 도래한 듯, 꿈과 희망이 알지 못할 그 어딘가에 존재하는 것을 감지했다.

그래서 선택한 것이 서울에 있는 어느 신학대학….
의식이 무분별한 시절, 그 낙타의 순수한 열정은 무의식의 중병까지도 몰고 오게 했으니…. 그 후유증이 그토록 페이브먼트 위를 달려야 할 미래에 흑점의 거인으로 나타나며 영혼의 뿌리까지 갉아먹을 줄 예측이나 했었을까.

그러나 사막 그까짓 껏.
그 어떤 상황에서든지 생명 있는 것들에겐 그만한 폭풍쯤 없어서야 삶다운 삶을 산다고 하며 그 깊이를 응시할 수 있겠는가. 생生은 살아볼 가치가 있는 것, 생의 동아줄을 놓아버리지 않는 이상 지구는 돌고 돌아 태양은 다시 중천에 떠오르는 것, 그 진리를 잊지 않는 이상, 사막 그까짓 것.

다이아몬드 원석처럼 고매하면서도 청양고추 쑹쑹 썰어 매운맛을 독하게 낸 아귀찜 같은 것!

(2014)

수어지교水魚之交

권태롭다.

시간들이….

분침과 초침이 움직일수록 내장內臟에 걸려있는 그림들을 떼어내고 싶다. 있음에 없음을 추가함으로써 평상심을 찾는 것.

무엇이든지 젊어진 것 자체가 숨 가쁜 현실이다. 갯벌에 대한 권태로움, 현실에 대한 역류 현상일까, 아니다. 변화가 죽어 깊은 바다 속으로 침잠하고 싶은 그 어떤 상념 때문이다.

화려한 변명이라고,

그 자체가 나의 모습이고 예술이며, 사랑이다. 건조해 가는 마음의 윤기, 습기 빠진 상념, 비가 온 뒤 나무 모퉁이에 고개를 내민 개암버섯처럼, 모든 것이 충만한 것 같으면서도 석양빛 마음이라, 형체 약한 그림자가 권태롭다.

아니다. 현실과 이상理想의 충돌현상, 그 뒤에 숨죽인 채 따라 오는 무중력 현상. 아니 그보다도, 투명치 못한 일기예보, 무쇠 같은 침묵, 죽음처럼 묵중한 게임들이 나를 질식시키고 있다.

(2014)

파도타기

창파를 질주하던 여객선이 태풍 속에서 방황하는 모습이다.
고함을 지르며 항해를 하는데도 침몰 직전에서 휘청거리는 형국이다.
엔진의 기능, 항해의 기술은 생명과도 같은데 그 줄을 놓아 풍파 속에서
비명 지르고 있으니 항구에 도달할 수 있는 저력이 있겠는가.

삶도 그와 다르지 않는 것!
붉은 파도 위에서 춤을 추다 조각이 나고 마는 것!

그러나 기능 좋은 여객선은 파도타기를 조율하는 마법의 항해사다. 삶의 승리자는 태풍에 대처하는 초췌한 눈동자의 침묵이다. 폭우가 몰아쳐도 방향의 키key를 잃지 않는 항해사가 되어 파도타기 명수로 거듭나는 엔진이다.

그때 비로소,
붉은 태풍과 검은 안개도 장막을 철수하며 짙푸른 항구를 연출시키렷다!

(2013)

무심無心

여행은 정신여행을 하는 유랑자의 호흡이다.
무언가를 생각하며 빌딩숲이나 대자연을 응시하는 그 순간은 무심無心 속의 명상이다. 그 길이 쉽지 않아 영육靈肉이 가볍지 않아도 비움의 날개를 달고 있어 영혼세탁 과정이다.

여행 그 자체는 충전의 순간이므로 미지의 길목에서 보너스처럼 받게 되는 생명의 카드이다. 삶의 소용돌이를 빠져나와 심호흡을 하는 순간이므로 그 과정에서의 고요함은 절대자와의 소통과도 다르지 않다.

그것으로 볼 때, 괴물 같은 삶이지만 여행의 행선지처럼 희로애락이 공존할 때 무심의 마력과 생명력이 있다. 자갈밭 오솔길이 아닌 페이브먼트는 사람의 영혼을 마비시켜 간접적으로 협박하는 주범이 됨을 모르지 않게 된다.

무심無心을 싫어하는 사람, 명상을 즐길 줄 모르는 사람은 심장이 파닥파닥 요동하고 있어도, 그 영혼은 낚시에 물린 고기처럼 바삭바삭 말라갈 수도 있어 살아 있어도, 진정 살아 있는 것이 아니다. (2014)

불안, 그 이중적 개념

삶이라는 괴물은 긍정과 부정의 충돌로 인해 불안의 징후로 나타날 때가 있다. 인간에게 이 현상이 드러나지 않는다면 무미건조한 삶이 될 수밖에 없다. 불안의 실체는 삶의 에너지가 될 때가 있어 심층에 잠들어 있는 영혼을 끌어내는 마력이 있다. 그 실체는 눈에 드러나지 않는 기류를 타고 접근해 오지만, 인간은 그것을 통해서 성공하기도 하고 실패하기도 한다.

불안이 음성 세포처럼 인간의 영혼을 휘감는 것이 문제가 되지만, 이 시대는 너나없이 불안의 노예로 살아가는 실정이다. 먹고 살기 힘든 시대에 불안의 개념은 사치품에 불과하다는 사람도 있지만, 우리는 각자 불안감 속에서 그 늪에 침몰되지 않기 위해 자기최면을 시도하며 순간을 지탱한다.

니체도 '마음의 평정을 유지하는 사람에게 우선 필요한 것은 완성의 불가능을 인정하는 것'이라고 하였다. 불안과 평온의 개념은 혈관 속을 유랑하는 피톨처럼 긍정과 부정의 혈맥이 되어 영혼 속을 돌아다님을 알 수 있다. 인간관계, 사회생활을 할 때도 불안한 순간에 처하게 되면 저당 잡힌 영혼은 두려움과 직면하게 된다. 그 자체가 부정적인 모습으로 나타나며 사회문제로까지 확대되기 때문이다.

하지만 불안이 배제된 만족이란 있을 수가 없다.
삶이 만족으로 가득 차 있을 때는 배가 부르지만 생각이 없는 돼지처럼 무중력 상태에 가까워 영혼이 텅 빈 상태에 도달하게 된다. 불안증이라고 할 수 있는 '감정의 비틀거림'은 오히려 인간에게 숨통을 트이게 한다. 지구가 우주를 밤낮으로 순환하듯, 인간도 불안감과 평안함을 지혜롭게 조율하며 즐길 줄만 안다면 삶을 지탱해 나가는 데 무리가 없다.
밑창이 없는 항아리 형상이 인간의 본성과 다를 바 없는데 평온한 순간만 있겠는가. 인간이 짊어진 가장 큰 짐—'삶' 뒤에 있는 '죽음'이라는 장벽, '사랑' 뒤에 오는 '이별'이라는 장벽이 응시하고 있는데, 불안감이 인간의 마음을 휘어잡지 않겠는가. 그런 상황이라 할지라도 우리는 두려움의 노예가 되어서는 곤란하다.

철학자 에피쿠로스도 성공과 실패, 건강과 질병, 삶과 죽음, 심지어 초자연까지 분석하며 여러 형태의 불안의 세계를 살펴보는 데 관심을 보였다. 누구도 피할 수 없는 죽음의 실체를 필연적으로 인식하게 도와주며 그 자체를 합리적으로 이해하게 해주었다. "영원히 지속되지 않을 삶이기에 죽음 이후에는 전혀 두려워하거나 무서워할 것이 없으므로, 삶 또한 공포 속에서 떨거나 불안해 할 것이 없다"고 하였다. 그는 냉정한 분석을 통해 불안의 궁극적인 세계를 제시해 줌으로써 인간에게 원초적으로 잠재되어 있는 불안감을 평온한 마음으로 안내했다.

인간은 완전함 속에서도 불안감에 시달리는 아이러니한 존재이다. 수만 가지 권태에 사로잡힌 존재로서 평온함만 있는 것이 아니다. 보고 듣고 생각하고 말할 것이 많아 멀미하는 세상에서 불안의 노예가 되지 않고 어찌 견딜 수가 있겠는가. 하지만 일회적인 삶을 살면서 불안의 노예가 되어 한 생生을 보낼 수만은 없지 않은가.

작가 카프카도 단편『프로메테우스』에 대해 몇 번씩 해석을 재시도했다고 전해진다. 오죽하면 제우스와 프로메테우스의 잠재적 전쟁을 감지한 카프카는 '신들도 지쳤고, 제우스의 명령에 따라 프로메테우스의 간을 공격하던 독수리도 지쳤고, 독수리에게 공격을 받던 간도 끊임 없이 상처를 받았지만 모두 지쳐서 저절로 아물었다'고 결론을 내렸을까. 어쨌든 신들의 아이러니한 투쟁의 결과물도 '스스로 지쳐서 저절로 아물었다'고 하니, 생각의 각도만 달리하면 불안함 자체도 안전함이라 할 수 있고, 안전함 자체도 불안함이라고 할 수 있다.

재독 철학자 한병철 교수도 제우스와 독수리와 프로메테스와 간의 관계를 인간의 내적 영혼의 장면으로 설정해 오늘날 스스로에게 폭력을 가하며 자기 자신과 전쟁을 치르고 있는 현대인의 심리 상태임을 엿보게 해 주었다. 이것으로 볼 때 모든 불안은 사색을 통해서만, 기도하는 심정을 통해서만 평온의 단계에 다다르게 된다. 우리가 살아가는 삶 속에는 불안 아닌 것이 없어 사색과 대화를 통해서만 그 처방이 가능하다.

작가는 불안감에 시달리다 글을 쓰는 순간 잠시 평온이 찾아오는 것처럼, 그 어떤 것도 고통을 뛰어 넘을 때 평온의 순간이 오게 마련이다. 죽음 이후에 오는 망각 자체가 평온의 개념이고, 사랑 뒤에 오는 이별 자체가 시작의 개념과 자유의 개념이므로 평온과 상통하게 된다. 글을 쓰는 사람으로서 나는 마음을 후련하게 해 줄 작품을 만나지 못할 때가 많아 불안감 속에서 허덕일 때가 많다. 낭떠러지에 매달려 진퇴양난의 시점에서 불안해하는 순간—간신히 그 상태가 나의 한계임을 인식한 후 조심스럽게 그 난관을 극복해 간다.

글을 쓰는 사람들은 마음속에 떠오르는 문제를 글로 써서 해소해 나갈 때 평온이 찾아 오긴 한다. 글을 쓰는 사람으로서 글을 쓰지 않는 시간은 늘 불안의 순간이다. 이때 나는 마음의 평정을 찾기 위해 여행 또는 독서나 연극, 목적 없이 걷기, 영화 관람, 카페에서 교감이 통하는 대상과 대화를 나눌 때 심층 깊은 곳에 잠재되어 있는 불안감과 타협하게 된다. 독수리에게 매일 공격당하는 프로메테우스의 간처럼, 재생을 멈추지 않는 '용기'를 생산하며 삶을 향해 천천히 걸어간다.

그러나 그것은 고통으로부터 자유를 얻으려고 바동거리는 제스처에 불과할 뿐, 근본적으로 영혼의 출렁임이 해결되지 못함을 실감하게 된다. 나는 이때 그게 경계선임을 깨닫고 한계를 재차 인식, 차라리 불안 자체를 평온의 세계로 환원하려고 노력하며, 자문자답하는 마음으로 현대인의 그림자를 바라본다.

(2015)

도심 속 파노라마

현대인의 분주함은 행복과는 거리가 먼 이벤트적 삶에 불과하다. '세상'이라는 무대에서 신발도 신지 않고 밤길을 걸어가고 있음에도 후레쉬까지도 찾을 겨를이 없다. 문명 속에 휘말려 무작위로 떠밀리고 있어 영혼까지 살육 당하며 파멸을 초래하는 실정이다.

생명 있는 것들에겐 '개념 있는 개념'은 회색지대에 매장되어 있다.
야망과 열정만이 경계 파괴의 삶을 살아갈 뿐, 인생의 거대한 '상선'이 어디로 항해하고 있는지 그 행방이 묘연하다.
현대인이 달려가는 정점은 무한질주 속에서 방향 없이 달려가는 파랑새 증후군에 지나지 않음에도, 각자 주인공처럼 만개한 꽃이 영원히 지지 않으리라 착각하며 회색지대와 동행한다.

이 현상이 도심 속 사람들의 파노라마다.
특히 이 속에서 살아가는 도시인은 순금이 아닌 이미테이션이므로 추구하는 삶의 흔적은 갖가지 표정으로 연출되지만 갯벌 속에 파묻히고 마는 현상이다. 독버섯처럼 치솟는 문명의 틈바구니 속에서 가까스로 실존의 흔적을 남기기 위해 산소 호흡기를 찾아 시간과 시간 사이를 방황한다.

도심 속 이미지는 회색지대가 아닐 수 없다. 정답이라곤 존재하지 않는 사회에서 사람들은 삶이라는 증후군, 가지각색의 증후군에 시달리고 있는 형편이라 병자 아닌 군상들이 없다. 문명의 매서운 위력에 항복하며 순수함이 매장 당하고 있는 실정이라 이곳 사람에겐 계곡의 공기처럼 청량함이 넘치는 미래가 존재하긴 어렵다.

현대인은 문명을 조종하는 마력의 위인이다. 플라스틱머니라고 할 수 있는 신용카드의 주인主人, 두뇌와 인간관계를 무감각하게 둔갑시키는 컴퓨터와 스마트폰의 대주大主, 인간미의 경계선상에 버티고 서서 층간 소음도 대화로써 해결하지 못하는 전사戰士, 어느 것 하나 도심 속에서 살아가는 현대인에겐 숨통 트일만한 것이 없어 문제 아닌 것이 없다.

그 뿐인가.
현재와 미래를 위해 치열한 도전자이면서도 유행처럼 휘도는 황혼이혼, 해체되는 가정 못지않게 죽순처럼 솟아나는 싱글족 별천지, 당당한 재혼과 자유연애, 적지 않은 자살자, 자식들의 무관심으로 인한 노인들의 고독사, 누구를 막론하고 너나없이 그 상황에 중독되어 가고 있어 삶을 갈구하는 현대인은 삶이 아닌 삶을 살아가는 것엔 부정할 여지가 없다.
도시인은 청청한 바다를 그리워하는 상어의 모습이다.
요즘은 문명의 바이러스가 '시골'이라는 세포까지도 마다하지 않고 침범하는 세상이지만, 도심 속에서 투쟁하는 군상들은 더욱 묵중한 콘크리트에 짓눌린 채 살아가고 있어, 빠져 나올 수 없는 덫에 걸린 채 호흡하는 입장이다.

(2015)

파랑새 증후군

2년 전 거닐던 호수가 아니었다.

나는 다시 지중해처럼 드넓은 바다가 보고 싶어 해변을 거닐고 있었다. 꿈에 그리던 고요한 바다, 갈증 속에서 염원하던 지중해가 뇌리를 따라다녀 그곳으로 여행을 떠났다. 그 사람과 떠나는 여행이라 맛이 시큼하긴 했지만, 보이지 않던 곳의 세계가 미로처럼 다가와 웅크리고 있던 욕망의 세계가 꿈틀대기 시작했다.

비로소 유럽과 아시아를 연결하는 보스포루스 해협에서 '크루즈'에 탑승했다. 예상과는 달랐지만 잠잠함 속에서도 몸부림치는 파도를 보노라니 부서지는 물살이 정신을 끌어당겨 생수를 마신 것처럼 목줄이 느긋했다. 오랜만에 동행한 동료들과 들이키는 맥주 한 잔은 삶의 찌꺼기와 갈증을 해소시켜 주었고, 그동안 살아온 삶의 흔적을 돌아보게 하며 지중해의 파도와도 무리 없이 조화를 이루었다.

지중해의 파닥거리는 물살은 앞만 보고 살아가던 나에게 낭만의 세계,

미묘한 세계로 끌어가더니, 현해탄에 몸을 던져 파도와 함께 분해된 김우진과 윤심덕의 마지막 순간까지 떠올리게 했다. 거대한 이상理想, 생멸의 순간이 아닐 수 없었다. 온갖 상념들이 파도와 맥주에 취한 듯 휘청거리기 시작했다.

문제는 순간 몸 전체를 물살에 던져 다시 또 잡아도 잡을 수 없는 그 세계에 도달하고 싶은 욕망에 사로잡히기 시작했다. 파도 속에 영혼까지 내던져 현실과 이상, 환상의 세계까지 알몸으로 유랑하며 천상의 세계까지 도달하고 싶었다. 음음, 부정하진 않으리라. 그 세계에 도달했음을 인정하리라.

하지만, 심신을 마르게 할 갈증이 앞으로도 파닥이는 영혼을 희롱하기 위해 쓰나미 같이 몰려올 것은 뻔한 일, 시대와 동행하는 도시인으로서 대책 없이 밀려오는 파랑새 증후군을 극복하기 위해 땀을 흘리는 것은 운명임을 실감한다.
욕망과 야망은 질퍽한 뻘밭, 그 밭에 두 발을 내디디면 어렵지 않게 닿을 것 같아도 묘하게 닿지 않는 검붉은 늪지대, 정녕 도시인의 갈증은 여성의 근본적 욕망과 다를 게 없음을 깨달았다.

음, 그렇고말고….
누구든지 이곳에 존재하는 한, 존재하지 않는 지중해까지 횡단하고 싶어 중병을 앓게 마련이니, 그것은 도심 속에 살아가는 현대인의 고질병, 짊어지고 가야할 운명의 배낭이다. (2014)

끝이 없는 것들

'워런 버핏'이던가.
그는 죽은 다음에도 5년간 일을 더 하겠다고 선언한 사람이다. 대단한 열정가가 아닐 수 없다. 마음 깊은 곳으로부터 삶의 욕망이 우리를 끌어갈 때 그 욕망에 귀를 곤두세워야 함을 깨닫게 한다. 욕망이 흐르는 데로 일상을 바꾸고, 하고 싶은 일을 함으로써 그 삶을 사랑하며 전문가가 된다면 금상첨화가 된다.

문제가 되는 것은 인간의 욕망과 야망은 그 끝이 없다.
한계가 있음에도 영원할 것처럼 질주를 하는 데 문제가 있다. 인생은 전진과 후퇴를 병행하는 게임임에도 링 위에서 쓰러질 때까지 내려올 생각을 하지 않는다.
잡을 수 없는 야망을 좇아 에너지를 광적으로 소진하는 것보다, 삶에 있어 바람직한 것은 마음의 평화를 얻는 것이 우선이다.

무엇이든 하나가 필요할 때 그것으로 만족해야 하는데 둘, 셋을 가지려면 문제가 생기게 된다. 그때는 두 개는커녕 하나마저도 잃게 되므로 우리는 그것을 깨닫지 못하고 질주하는 데만 전력한다. 잡은 것에는 만족하지 못해 멈춤의 미학을 등한시하는 것이 사람이다.

행복은 늘 곁에 있음에도 산 너머 또 다른 행복이 존재할 것 같아 파랑새를 쫓아간다. 비전을 위해 전진하는 것은 나쁘지 않지만 진정한 프로는 자기 철학과 개성을 살려 삶이라는 링 위에서 경기를 지혜롭게 즐기는 사람이다.
멈출 줄 모르는 열정과 야망은 삶의 원동력이 되긴 하지만, 100점만을 향해 달리는 사람에겐 만족이 존재할 수 없다. 이것은 인간의 모순점과 한계점이므로 도시인의 비애라고 할 수 있다.

도시인에게는 야망이란 괴물이 정신 내부에서 반란을 일으킨다.
마음 깊은 곳으로부터 통제될 수 없는 욕망에 매혹 당해 파랑새 증후군에 시달리곤 한다. 욕망과 야망이 이끄는 삶은 사막 속을 헤매는 낙타의 형상이다. 넓은 사막 어딘가에 존재할지도 모를 오아시스, 꿈과 환상 속에서도 만나볼 수 없는 그 생명수를 찾아 사막에서 헤매는 것이 문명 속에 살아가는 도시인의 실상이다.

21세기, 사랑까지도 절제가 필요한 시대라고 할 수 있다. 제어될 수 없는 욕망과 야망은 영혼까지 피폐해지고 갈등과 방황, 스트레스를 초래하여 몸속에 악성 바이러스를 키워가게 한다.

(2015)

문명인 증후군

짐승의 울부짖음 같은 그 괴괴한 소리.
어디선가 '문명인'이라는 화두 속에 괴물의 소리가 들리는 듯한 그곳에서, 욕망에 찬 군상들이 핏기 없는 정신을 채찍질 하며 군중 속에 휘말린 채 빌딩숲을 배회한다.

햇볕이 부족해 헉헉대는 순간임에도 연然이 없는 연然 속에서 콘크리트 벽을 향해 산제사를 지내고 있다. 무연無緣세계에서 덩실덩실 춤을 추지만, 거리에 나서면 웅성거림 속에서도 고독한 행렬을 이탈하지 않으려고 퍼포먼스를 벌리고 있다.

타인을 믿지 못해 마음을 쉽게 열지 않는 빌딩 속 세계, 색상 짙은 선글라스를 낀 채 세상을 응시해야 하는 도심 속 세계, 진실이 실종되어 가면 축제 속에서 탱고 춤을 추며 신호등을 기다려야 하는 이미테이션의 세계, 도심의 군상들은 잔혹하면서도 찬란한 그 세계에서 조심스럽게 연명해 간다.

육체에는 색조 찬란한 휘장을 두르면서도 영혼에게 먹일 양질의 비타민을 찾을 수 없어 베갯잇을 적실 때도 없지 않은 듯, 그러나 '삶'이라는 시간 속에 '인내'라는 보험을 가입해, 나름대로 생生의 목표를 세우며 길이 안내하는 데로 걸어간다.

귀동냥을 하며 이 마을 저 마을 들르다 보면 그곳에는 자유를 선언하는 골드미스와 골드미스터가 있다. 뿐만 아니라 간간이 위선도 오픈한 채 함께 살아가는 유부남과 유부녀, 여건이 되지 않아 아이를 갖지 않는 신혼부부, 그와는 다른 불임부부, 국민의식을 지닌 부부들의 실험관 아기, 부모를 등지고 판을 치는 군중들이 적지 않아 가족의 이상 현상을 관람하게 된다.

기후에 따라 우울증세가 있는 '나'라는 군상도 유연有緣의 세계, 그 시절이 그리워 새삼 깊은 강을 응시할 때가 있다.

(2014)

탓할 수 없는 시대

현대인은 감당 못할 혜택을 누리기도 한다.
하지만 고립된 인과 관계 속에서 살아내기 위해 절대고독 속에서 살아가는 것은 사실이다. 인간관계가 희박해져 옆집에 어떤 사람이 사는지, 또는 극단적인 상황까지 이르러도 그 상황의 절박함조차 쉽게 알아채지 못한 채 살아가는 군상들이 적지 않다.

특히 도시에는 남녀노소 할 것 없이 홀로 살다 홀로 죽어가는 상황이 벌어져도 무감각한 현상을 보이며 몰인정한 풍경이 상영된다. 그 이유는 가족과의 연결고리가 끊어져 독거를 하기 때문이기도 하다.

초기에는 노인문제가 심각한 현실로 다가왔지만 문명의 혜택을 받기 위해 개인적인 삶을 중시하는 젊은이들의 도시생활, 결혼의 중요성을 소홀히 하는 관계로 반려동물만을 키우며 살아가는 여러 종류의 사람들, 모든 세대 커플에 이르기까지 유행처럼 다가오는 가족분열, 시골도 그런 현상이 많겠지만 도시생활은 더욱 그 현상이 두드러져 사스처럼 퍼져나가는 실정이다.

이런 현상은 앞으로 모든 세대, 그중에서도 젊은 세대들이 각오하고 준비해야 할 도시인의 미래상, 현대인의 미래상으로 부각될까 염려된다. 현대인은 막연한 공포감에 휩싸여 현실부정적인 자세를 취하기보다는 무연無緣 사회가 주는 병폐, 현대문명이 주는 장점과 단점을 정확히 진단하며 '삶 아닌 삶'을 과감하게 잘라내서 '삶 같은 삶'을 살아가기 위해 머리를 싸매야 할 입장에 놓여있다.

이런 삶을 살아갈 때 삶의 목표가 보이게 되고 미래를 준비해야 할 의욕이 생기지 않겠는가. 무연無緣사회의 도래를 증명하는 다양한 사회현상과 눈앞에 펼쳐질 미래의 모습, 그리고 이 사회에서 도시인이 선택할 수 있는 삶이 무엇인지 담담하게 고민해야 하는 순간이다.

자유의 상징인 무연사회 속에서도 인간으로서의 도리를 취할 때 죽음에 대한 공포도 사라진다. 어쩌면 그것은 유연有緣사회를 유지하는 조건의 특징이 관혼상제 시스템일 수도 있기에, 고립된 삶을 벗어나기 위해서는 그 문제에 대해서도 고민할 때라고 생각된다. 도심에 사는 현대인은 대부분 무연을 꿈꾸고 있는 사람들의 집단으로 구성되어 있어서다.
피상적으로 도시생활은 찬란하고 자유로워 매력 만점이다.
그 후유증은 사람들이 유연有緣사회로부터의 탈출극을 시도하며 부모형제와 촌락, 관혼상제로부터 도망치려고 애를 쓴다. 탓할 수야 있겠는가. 문화조건과 그 혜택이 시골과는 비교가 안 되므로 학생들도 당연히 고등학교를 졸업하게 되면 산골에서도 도시로 진학하는 젊은이가 많게 마련이다.

이런 현상은 당연한 것이면서도 근본적인 문제—핵가족화로 인한 가족 해체, 부모와의 격리된 삶, 심지어는 부모의 고독사까지 초래하게 되니, 현대인—특히 도시인은 무연無然사회로 진출하는 데 필연적인 역할을 한 셈이다.

(2014)

무연無緣화 리스크

일본의 종교학자 '시마다 히로미'는 일찍이 인간은 무연을 이루기 위해 유연사회로부터 탈출을 꿈꿨던 시기가 있었다고 선언한다.
그는 영화 「ALWAYS 3번가의 석양」을 소개하며 1950년대에 들어서면서 전쟁으로 황폐해진 일본에 다시 일어설 수 있다는 희망이 나타나게 된다고 역설한다. 일본 사회는 이때부터 고도경제성장기에 돌입했음을 알 수 있다.

고도경제성장기는 1965년 말까지 계속되었고 이때 지방과 농촌에서 대도시로 향하는 대규모 인구이동이 일어나게 된다. 그야말로 무연을 희망하며 유연사회로부터의 탈출극이 벌어진 셈이었다.
그러나 요즘은 유연사회를 이뤄나가기 위해 도시에서도 많은 노력을 하고 있다. 도시생활에서의 인연 맺기 작업을 위해 구청에서의 여러 가지 문화사업, 기업에서도 촌락공동체까지 구성하며 관혼상제를 담당하는 부서까지 생겨나고 있다.

무연화 사회는 그 계기가 샐러리맨 사회가 제공한 부산물이다.

농촌에서도 중·고등학교까지 부모와 함께 기거하다 대학 때부터 도시생활과 접하고 있으며, 졸업 후에도 불황을 경험하는 등 모든 것이 순탄치 않을 때가 많으므로, 자연적으로 무연사회를 연출시킬 수밖에 없는 현실이다.

결혼이 순조롭다 하더라도 세대 계승이 불가능한 샐러리맨 사회, 회사에 따라 공동체의 힘이 약해진 기업, 예고 없이 들이닥치는 불황, 그 후유증이 남기는 것이 가정의 무연화 리스크를 초래하게 된다.
결혼 압박이 줄어든 샐러리맨 사회가 자연스럽게 형성되고 있으므로, 독신자들이 많아 무연사無緣死 예비군으로 살아가는 미혼들이 많다.

도시에는 요양원도 하루가 다르게 설립되고 있어 문명의 혜택과 피해도 만만치 않다. 장례문화까지도 묘지를 지켜줄 사람이 없으므로 화장 보급이 보편화되어 묘지를 분양하고 분양받기에 정신이 없다. 살아있는 사람도 거창한 장례식과 허울 좋은 묘지는 사치라며 자식에게 의존하지 않는 죽음 방식에 순종한다.

도시생활은 참으로 두려운 천국이다.
인간관계가 희박해짐에 따라 한때 인기를 누렸던 여배우나 아이돌 스타가 죽은 지 며칠이 되도록 방치된 사건, 지경地境을 불구하고 고독사로 세상을 떠난 고령자의 마지막 쓸쓸함, 여러 가지 상황만 보아도 이 시대 삶의 유형인 핵가족 현상과 무연사회의 가혹함이 피부에 와 닿곤 한다.

무연사회와 상반되는 의미는 유연사회가 아니던가. 무연사회가 내비치는 뒷모습의 적막감이나 고독함을 접하고 나면, 연然이 있는 사회는 삶을 살아가는 인간으로서의 이상사회가 아닐 수 없다.

고독사는 사람으로 태어나서 가슴 아픈 풍경이다. 이런 문제가 도시인의 삶의 풍경, 현대인의 화두가 되기까진 여러 가지 배경이 없지 않다. 죽음은 그 어떤 죽음이든 힘든 세상을 마무리했다는 의미에서 장엄하다. 언젠가는 누구에게나 그 숭고한 죽음이 반드시 찾아온다. 고독한 인간에게도 고독하지 않은 인간에게도 차별 없이 다가온다.

문제가 되는 것은 독신자는 죽은 뒤에도 두렵도록 고독하다. 그러나 그 삶은 자유롭게 살았다는 의미가 된다. 자유는 대가가 만만치 않은 열정이다. 다만 바람으로 돌아갔을 때, 구름으로 돌아갔을 때, 인간은 그때 비로소 대자연이 초월자의 영혼을 평안하게 해준다고 인식하게 된다. 이 현상은 도시인 중에서도 '뛰어넘은 자'가 인지할 수 있는 '경지'라고 할 수 있다.

(2014)

Chapter 2

정신세계의 고고한 무질서

아방가르드수필은 진실을 바탕에 둔 언어의 연금술사.
무의식의 열차를 타고 질서 없이 춤을 추며 헐떡이는 생명체를 주섬주섬 빨아들이는
대형 컨테이너.

뿌연 뇌리에 똬리를 틀고 있는 정체불명의 그림자를 통해
그 바닥에서 수군대는 캐터터들의 보따리, 글을 쓰는 순간 제멋대로 요동치는 난무한
수사 속 절규들과의 유희.

비문非文의 근처에서 아슬아슬 고개를 쳐들고 있는 괴기한 문장들. 환희와 비애가 엉킨 채 무아경無我境에 빠져 있는 '의식 저장'의 세계를 시크하게 노크하며, 방황하는 영혼을 슬그머니 빨아들이는 검붉은 가슴팍.

그것은 오직 정신세계의 고고한 무질서를 바탕으로.

(2016)

나와 다른 너

'다름'에 대한 주제는 그 의미가 가볍지 않다.
그 이질감은 삶을 긍정적인 방향으로 안내할 수도 있으나, 조율이 되기 전까진 알지 못할 경계선에 봉착될 때가 많다. 그러나, '나와 다른 너'가 존재하지 않고서는 지상의 모든 것과, 사람과의 관계에서 발전적인 현상을 기대할 수가 없다.

요즘은 더욱, '나와 다른 너'를 인정하지 않아 걸림돌로 나타나 문제가 되는 세상이다. 지구상에는 만물이 존재하고 수많은 얼굴들이 개성을 지닌 채 살아가는 것을 보면, '나와 다른 너'가 소중할 수밖에 없다. 무한하지 않은 시간 속에서 온갖 만물들이 저마다의 목소리, 저마다의 생각으로 임하는 것을 보면, 서로의 '다름'을 수용하는 것만큼 성숙한 인격체도 없다.

우리는 너나없이 서로의 '다름'을 받아들이지 못해 상처를 입을 때가 있다.
저마다의 개성과 반짝이는 창의성, 그만의 장점을 헤아려 주며 '나와 다른 너'를 헤아려 줄 때, 존재하는 모든 것이 풍요롭게 나타난다.
무엇보다 그것은 성숙한 의식과 배려심을 필요로 한다. 우리는 미성숙한 의식 때문에 '나와 다른 너'가 등장하게 되면, 마음을 열지 못해 부정적인 관계로 돌아서게 된다.
문제는 이기적인 마음과 유아독존이라는 착각에서 기인되었다고도 할 수 있다.

모든 것을 적당히 내려놓았을 때 상대와의 관계가 원활해짐을 알면서도, 정점에 이르러서는 잠재적인 분쟁, 표출되는 분쟁으로 나타나 아쉬움으로 남게 된다.
주변에서만 보더라도 그런 현상이 적지 않게 나타난다. '나와 다른 너'를 이해하지 못해 문제가 생기는 것을 어렵지 않게 보게 된다.
문학작품과 예술작품만 보더라도 작가의 작품이 복제된 것처럼 일률적으로 비슷하다면 아류에서 벗어나지 못하는 예술, 정체된 예술, 죽은 예술이나 다를 바가 없다. 작가들이 저마다 생각의 틀이 다르고 표현방법이 다르므로 예술세계가 예술적으로 휘장을 두른 채 펄럭인다.

하나의 축을 설정해 놓고 고정관념에서 벗어나지 않게 되면 대립관계를 초래할 수밖에 없다. 서로의 '다름'을 수용해 주며 고개를 끄덕여 주는 자세, 조그마한 배려심이라도 가슴 중앙에 존재할 때, 세상에는 초목이 무성해 새와 나비가 날아다니게 된다.
'나와 다른 너' 속에는 분명히 생각하지 못한 그 무엇이 존재한다.
그 '다름'을 선의적인 관점에서 응시하게 되면 또 다른 세상이 펼쳐진다.

멀리 가지 않아 나의 경우만 보더라도 조그마한 울타리인 가정과 친척 간에도 서로의 '다름'이 확연해 분쟁의 씨앗으로 나타났다. 나는 너에게, 너는 나에게, '다름'으로 오고가며 갈등을 유발했다.

서로의 '다름'을 이해해 주는 인격체는 종교처럼 따뜻하다.
나도 때로는 그 다름을 인정하지 못해 고통스러울 때가 있었지만, 어느 순간 독한 실타래가 풀리기 시작했다. '나와 다른 너'를 묵묵하게 이해해 주는 것, 묵묵하게 수용해 주는 것, 일회적인 삶 속에서 각자 추구하는 삶은 그 누구도 대신해 줄 수 없는 삶이기에, 그 '다름'은 상대에겐 절대적인 상황이라 여기며 이해하게 된다.

이해의 폭이 조금 넓혀지자 얽혀있던 매듭에서 벗어날 수 있었다. '너와 나는 같다'가 아닌, '너와 나는 다르다'로 이해되기 시작하자 답이 풀리기 시작했다.
그 다름 속에서 고민 없이 살아가는 방법은 고개를 끄덕여 주는 것, 벚꽃 같은 미소를 지으며 마음으로 품어 안는 것, 그것이 곤란하다면 표정이 미미한 침묵의 모습도 해결책에 가까웠다. 의사를 적당하게 제시하면서도, '나와 다른 너'를 인정하고 존중해 주는 것이 세상을 바로 살아가는 해결책임을 깨달았다. '나와 다른 너'를 핍박하며 정당화 시키려고 하지 말고, 그 '다름'을 통해 또 다른 무언가를 찾아내기 위해 그릇을 비워 두어야 함을 깨달았다.

'다름'을 이해하지 못하게 되면 지배의식이 강하다고 할 수 있어 그 어떤 대상과 저항의 순간으로 마주서게 된다. 너와 나의 다름을 이해하며 살아갈 때 풍요로운 문화와 다양한 삶, 경계선이 없는 인간관계를 유지할 수가 있다.
지구상, 수십 억 인구 중에 닮은 사람은 그리 많지 않다.
일란성쌍둥이를 제외하고는 얼굴이 같거나 지문이 같은 사람은 존재 불가능하다. DNA는 물론 자란 환경과 매일 섭취하는 음식물이 다르고, 타고난 재능과 사고력이 달라 인간의 모습은 천태만상이다.
우리는 상호간에 그 다름을 이해하며 수용한 후, 모든 것을 긍정적으로 받아들일 때 융합으로 가는 지름길, 화합으로 가는 지름길이 된다.

'나와 다른 너'를 진심으로 받아들인다는 것은 쉬운 일이 아니라 평정심이 필요하지만, 삶을 풍요롭게 살아가기 위해서는 모든 것을 긍정적인 관점에서 바라보는 데 정답이 있음을 실감했다. 서로의 '다름'을 이해하며 배려하는 자세가 있을 때 함께하는 공동체에도 봄바람이 불어온다. 너와 나의 '다름'은 서로 간의 부족한 것을 보충해 주는 매개체라 할 수 있어, 이 자체를 숙성시킬 수 있는 성숙한 정신과 이해관계는 참으로 중요하다.

그때, 그 '다름'을 통해 불꽃같은 에너지가 정신 내부에 타오르게 된다.

(2018)

훨활타령

– 존재에 대한 물음

검은불꽃이 훨훨
타들어간다 활활
기름 한 방울 붓지 않았는데도 젖은 장작 마른 장작 가릴 것 없이—이승과 저승 가릴 것 없이—혼魂이 있는 사람 혼魂이 없는 사람 가릴 것 없이
타들어간다 활활
붉은불꽃이 훨훨

살아있는 괴물도
죽어있는 원귀도
올라갔다 내려오고 내려왔다 올라가네—길 떠나다 옷깃 풀고 옷깃 여미다 길 떠나네—엉거주춤 두루 뭉실 통제 불가능한—검은 홀 앞에서도 재빠르게 판알을 튕겨가며 두개골이 빠개지니—시간을 잃어버린 환자가 되어 양심을 마비시킨 환자가 되어—살아 있어도 숨을 쉬는 것이 아니요 죽어있어도 검은 홀을 벗어나지 못하는 존재

쯔쯔

쯔쯔

타들어간다 활활
검은불꽃이 훨훨
암말 말고 마파람 되어 공허空虛 속으로 잠수하렴
암말 말고 먹구름 되어 허공虛空을 향해 치솟으렴

오로지
영혼 모퉁이에 고개 쳐든—한 토막 양심 만지작거리며
영혼 모퉁이에 고개 쳐든—두 토막 양심 만지작거리며

(2018)

조율, 이전과 이후

인간은 누구든지 자신에 대한 애착과 관심이 많다.
내 안에 내가 많아 진정한 실체를 모르고 살아가며 방황하는 존재이다. 이쪽이 길인가 하면 그것도 아니고, 저게 길인 것 같아 종종걸음을 해도 그 끝을 모를 때가 있다.

우리는 때론 안개 속과 미로 속을 헤매며 땀을 흘릴 수밖에 없다. 그 삶을 숙명처럼 받아들이며 거부하지 못하는 것이 세상 이치다. 삶의 내부에서 잠복된 파편이 분해되고 융합되며 안개 속으로 유도되는 게 눈앞에 처절하게 등장해도, 그게 길인 것처럼 착각하게 된다.

어쨌든 수면 위의 의식이 삶의 청사진이라면 의식 너머의 무의식은 또 다른 세계이다. 의식과 무의식의 춤놀이 — 모든 것이 생소하고 두려워 귀결점이 뇌관에 꽂히지 않더라도, 순간을 넘어서게 되면 피안의 세계에 도달한 듯 희열을 느낄 때가 있다.

그것은 현실과는 거리가 먼 환상 속 춤놀이라고 할 수 있다. 그것은 한구석에 자리 잡고 있는 암울함과 표현 못할 그 무엇, 절망의 노예가 된 것 같은 지경에 이르기도 하여 우리를 삶의 경계선, 불안의 경계선으로 몰고 간다.

작가는 이때 글을 쓸 수 있는 지적 호기심과 감성을 자극받게 된다. 시시포스처럼 속고 속이며 좌절하는 삶 앞에서도 그것을 운명적으로 받아들이며 조율하려고 애를 쓴다. 한 잔의 와인을 마시듯 백지 위에 감각을 열어놓고 주춤대는 내면과 대화를 나누며 거침없이 무의식 속으로 뛰어들게 된다. 미로 속을 헤매듯 방황하다 번민의 세계로 잠식하게 된다.

그때 들이닥치는 리듬과 멜로디의 충돌, 의식과 무의식의 충돌, 모든 것은 리드미컬과 무중력의 하모니를 사모하며 가지 않은 미로를 향해 그물을 던지게 된다. 사막을 뚫고 피어나는 선인장처럼, 먹빛이 될지라도 붓을 휘갈겨 제멋대로 퍼져가는 화선지처럼 묘한 기운과 마주서게 된다. 미지의 길이라 해도 마음이 원하는 길을 걷고 나서야 숨통이 트이게 된다.

이것은 의식과 무의식의 선의적 게임이다.
살아 있어도 죽어 있는 삶, 진정 살아 있지 않아 호흡이 없는 그 무엇들, 그 결과 팔딱이는 신념은 빛 속에 가려진 그림자가 되어 극약을 삼킨 쥐의 형상이 된다. 비바람에 시달리는 한 마리의 새가 되어 붉은 피를 토하게 된다. '결코 잠들지 말고 가라. 경계 너머의 산을 넘을 때까지'라는 메시지를 더듬으며 신음하는 영혼을 발견하기도 한다.

삶의 모든 것은 마음 안에 달려 있는 것, 같은 상황 속에서도 '세상에 괜히 왔다 간다'는 중광스님이 있는가 하면, '세상에 잠시 나들이 왔다 간다'는 천상병 시인이 있는 세상이다. 정답이 있지 않은 삶이라 할지라도 현대인에겐 문제로 다가오지 않는 게 보편적 현상이다.

혼돈의 세상이지만 그 이상의 것이 되어 어둠보다 강한 세계, 그 실체는 미묘한 경계선으로 드러나며 괴물의 형상으로 나타날 때가 있지만, 기지개를 켜고 괴성을 지르다 보면 고개를 끄덕이며 생각의 전환을 맞이하게 된다.

비로소 톨스토이 인생관을 음미하게 된다. 절벽을 상상하면서도 자기 성장을 위해 그 과정을 소중히 여기는 것, 그 사상가는 좀 더 나은 존재가 되기 위해 노력하는 과정을 '삶'이라고 역설하였다. 정체된 삶이 아니라, 긍정적인 방향으로 변화되는 삶을 사는 게 생生의 가치라고 제시했다.

톨스토이는 성장의 개념을 자기 내부를 통해 찾은 사람이다.
어떤 상황에서도 모든 것을 자기 자신에게서 시작, 자기를 이해하고 타협하며 '나'와 '타자'와의 관계, '나'와 '세계'와의 관계로 확장하며 조율의 미학을 받아들이게 된다. 세계 속의 자신이 되어 타인의 존재를 긍정하고 융합과 일치를 이루는 데 중점을 두었음을 깨닫게 한다.

석영중 교수의 말처럼, 톨스토이는 그 흐름을 자신의 작품 『안나 카레니나』에서 제시했다는 데서 놀라게 된다. 그는 안나가 브론스키와의 관계에서 자살을 택한 것은 한계점에 종착, '성장 없는 만남 때문'임을 다른 관점에서 보여주며 우리에게도 삶의 길을 제시해 주고, 그 자신의 인생관도 훔쳐보게 한다. 이성理性이 아니라 욕망으로 맺어진 관계는 어떤 상황 속에서도 유효기간이 짧았음을 보여준다.

안나와 브론스키와의 결합은 처음부터 발전의 여지가 없는 관계라는 것, 욕구 충족에서 출발한 만남은 서로에게 '성장'이 없음을 인식시켜 준다. 변화가 있지만 부정적인 방향으로 흘러간다는 데서 문제점을 깨닫게 한다.

톨스토이는 『안나 카레니나』에서 '레빈'이라는 사람으로 자신의 인생관을 설정한 사람이다. 레빈은 결혼초기에는 여러 가지 면에서 어려움이 있었지만 성장하는 삶을 살아간다. 안나 카레니나만 아니라 아내 키티도 결혼 전 브론스키에게 마음을 빼앗겼던 사람이라 그는 그녀에 대해 의심과 질투도 있었지만, 차츰 소통하는 관계를 거쳐 이상적으로 변해간다. 몰입의 단계에서 벗어나 배려의 단계, 소통의 단계, 이해의 단계를 뛰어넘어 밀도 있는 가정을 꾸려간다.

이것으로 볼 때, 테두리 안에 갇혀진 삶보다 소통하는 삶을 지향할 때 나를 존재하게 하는 키워드가 됨을 알 수 있다. 경계와 경계에서 충돌하는 삶이 아니라, 스스로를 질서 있게 통제하며 만사를 객관적으로 풀어 갈 때, 이상적인 생生이 도래됨을 알 수 있다.
정답이 없는 세상 - 안개 속, 미로 속, 무의식 속에서 좌충우돌 하는 삶과 '거리두기'를 하며 정답이 보이는 길을 향해 걸어가게 된다.

(2018)

힐링의 섬, 탐라도

가고 싶다.
설문대할망이 '혼저옵서예'라고 부르짖는 그 섬 탐라도로, 푸른 바다를 건너 공항을 빠져나가면 피고름 자욱한 상처를 감싸주는 그 섬 탐라도로.
가고 싶다.

65개 오름과 영실기암으로 환생한 오백장군(499개)이 '혼저옵서예'라고 부르짖는 그 섬 탐라도로, 사랑과 희망을 찾아 원초적인 역사를 탐방하며 가난한 영혼을 살찌우게 하는 그 섬 탐라도로.

가고 싶다.
70만 명에 가까운 제주도민과 20만여 개에 가까운 신神의 음성이 '혼저옵서예'라고 부르짖는 그 섬 탐라도로, 삶에 지친 영혼은 별이든 달이든 고혹적인 속삭임에 매수되고 마는 그 섬 탐라도로.

물아物我.

물아物我.

탐라도 그 천지天地, 보헤미안 영혼을 울리는 표정들이 천상천하天上天下 자욱해, 신비로움 소름 돋다. 산과 바다, 설문대할망과 돌하르방 성화聖火가 시공時空을 초월해 밤낮으로 활활 타고, 가난한 영혼들이 낡은 배낭 짊어진 채 힐링의 섬, 탐라도에 두 발을 내디디며 발자국 소리 서걱서걱 드걱드걱.

흣.흣.흣.흣, 저것을 응시해 보렴.
연인처럼 끌어안는 설문대할망과 돌하르방 품 안에서 당신이여 미래의 시간과 접선해 운명의 점 하나 찍어 보렴.

앗, 설문대할망이다.
허허헛, 저 할망, 물아物我의 배낭에서 보따리 풀어 놓고, 오름에 숨어 있는 전설의 몸짓 드러내며, 허허헛. 오백 장군 어멍이 열두 폭 치마 솨악솨악 찢는 음률이 삶에 젖은 나그네의 곤고함 씻어내며
허허헛허허헛, 허허헛허허헛.

주들지 마라 정녕.
삶 속에서 땀 닦으며 유랑하는 영혼들아, 청정의 섬 제주도로 달려가서 무심한 척 허리띠를 풀어보라. 푸른 공기와 우렁찬 파도로 영靈과 육肉을 샤워하며, 그곳의 마력에 무심한 척 휘감겨 보라. 천지天地 간 웅성대는 신神들의 노래를 들으며, 때론 주머니 속에 제주 방언도 꾸역꾸역 담아

넣고, 그저 무심한 척 음미해 보라.

'ᄌᆞ들지 마라, ᄌᆞ들지 마라.'
수많은 방언 중에 '그것'만이라도 현관문에 대문짝만큼 붙여 놓고, 들어설 때 나설 때 그저 무심한 척 곱씹어 보라. 설문대할망이 헉헉 헉헉 아들 오백 명 키우다가 죽통으로 빠져 죽은 가이없는 모성애로, 삶이 버거워 요동치는 그대들의 영혼을 감싸 안으리니.

ᄌᆞ들지 마라, ᄌᆞ들지 마라 정녕.

앗! 일출의 순간.
거대한 덩어리가 짙푸른 창파를 헤치며 하늘을 열고 있다. 광년狂年의 시간이 흐른다 해도 천지天地를 열고 있는 통제 못할 꿈틀거림, 설문대할망도 영주瀛州의 자손 도닥이려고 젖가슴을 슬그머니 드러내며 천기天氣를 뿜어낸다.

제우스 신전神殿이 저와 같은 기운이 있었을까.
아폴론 신전神殿이 저와 같은 기운이 있었을까.
정상의 분화구가 신神의 영혼이 되어 곤고한 정신을 치료해 주고, 소름 돋는 일출의 장관은 지구촌을 넘나드는 영혼들을 어루만지며, 멸하지 않을 에너지로 타오르고 있다.

정녕, 무소불위無所不爲 장관인가.

정녕, 무소불위無所不爲 장관인가.

아아 저저 바닷가.
우도와 성산포 사이를 뚫고 슬그머니 기어올라 두 어깨를 툭툭 치는 검고 붉은 광채, 나그네도 졸린 눈을 삭삭 비비며 그 정기精氣에 취한 채 두 눈을 지그시 감고 있다. 무소불위無所不爲 장관도 늠름하게 폭소를 터트리며 나그네의 미래에 에너지를 주입하기 위해 시공時空을 초월, 걷잡을 수 없는 기운을 발산한다.

저 파장波長은
인간을 구제한 프로메테우스 정기精氣보다 더 독하게 피어오르며 푸하하! 푸하하! 폭소를 터트리고 있다.
님아! 그럼 하룻밤만이라도 그곳으로 발을 돌려 숨통을 트이게 하는 붉은 성채星彩를 응시해 보렴. 님아! 그럼 하룻밤만이라도 그곳으로 달려가서 푸른 정기精氣에 젖어보렴.

영원 무구한 기운이 당신의 곤고한 영혼 쓰다듬어 주리니….
영원 무구한 기운이 당신의 곤고한 영혼 쓰다듬어 주리니….

*혼저홉서예: 오서 오십시오
*할망: 할머니
*하르방: 할아버지
*어멍: 어머니
*주들지 마라: 고민하지 마라

(2005)

바람의 흔적들

추석을 앞둔 시간은 벌초의 계절이다.
옛말에 어쩌다 제사를 빠뜨린 것은 타인이 알아채지 못하지만, 벌초를 거르게 되면 동네 사람 입에 오르내리는 것이 제주 풍습이다.

우리 부부도 연례행사를 치르기 위해 변명 없이 비행장으로 달려간다. 친척들을 만나 밤새 친교를 나누다, 날이 새자마자 '가족 공동묘지'로 달려간다. 그곳에 즐비한 30개 넘은 산소와 비석을 보노라면 삶과 죽음이 한눈에 펼쳐진다.
언젠가는 우리 부부도 이곳의 멤버가 되겠구나, 아니면 대전 국립묘지로 가서 자녀들을 편하게 해야 하나, 갈등까지 하게 한다.

무엇보다 그곳이 인생의 파노라마 현장임을 직시하게 했다.
그곳에는 상처를 일찍 했지만 재혼도 마다한 채 평생 고양이만 키운 분도 계시고, 현해탄을 건널 때 여객선이 파산되어 젊은 부인을 잃은 탓에 재혼을 해서 다복하게 사신 분도 계시다.

그 산소에 계신 분들은 고대광실과 높은 직책을 수행하며 출세한 분도 계시지만, 삶이 버거워 알코올 중독자로 삶을 마감한 분도 계시고, 갈치잡이 나갔다가 돌아오지 못한 분도 계시다. 실연을 당했는지 미혼 때 세상을 등져 영혼끼리 맺어진 분도 계시고, 남편을 일찍 잃은 탓에 홀로 견디다가 다시 본가로 돌아와 잠든 분도 계시다.

마음을 앓게 하는 자녀로 인해 늙은 몸을 포기한 분도 계시고, 그 죄책감 때문인지 어머니를 따라간 분도 계시다. 그래도 수십 기基 산소들은 가족들을 위해 독한 목숨 다독이다가 벽에 똥칠하신 분이 대다수다.

벌초를 하다 보니 햇살이 배시시 웃어 그 영혼들이 함께 있는 듯했다. 나는 그분들의 인생을 헤아려 보기 위해 스마트폰에 그 풍경을 담아서 서울로 돌아왔다. 영국을 비롯한 유럽에는 정원에도 가족 산소들이 즐비해 있는 것처럼, 문중 산소들도 가족과 다를 바 없어 스마트폰에 그 풍경을 담아 와도 거리감이 없다.

오직 어느 영혼에게나 만만치 않은 것이 삶이었음을 실감하게 하며, 존재에 대해 생각하게 한다. 삶 자체가 곧 죽음이고 죽음 자체가 곧 삶이라고, 생사를 초월해 이승에 태어났던 흔적은 모두가 영원한 것이라고….

태어난 자는 죽는다는 진실을 다시 한 번 깨달으며, 과거가 누적되어 현재가 되고 현재의 누적된 결과물이 미래가 됨을 실감하게 한다.

(2005)

뚫고 지나가는 사계四季

*거꾸로 돌아가서

허허헛
허허헛
물구나무서기를 해보자꾸나.
그 해저海底 속에는 그 어떤 괴물과 괴초怪草가 자라고 있었는지.
보시오 저어기 이름 모를 용궁이 클로즈업 되고 있네.
높은 파도 헤쳐 가며 창파 위로 떠오르고 있네.

그때 그 시절 봄처녀 스무 살
봉암사 공양간에서 불 때던 시절, 낯선 스님과 젊은 보살 따라 가서 불공드리던 시절, 가파른 비탈길 오르락내리락 땀을 닦아가며 연탄 나르던 시절, 봄볕 따뜻한 연못가 색깔 고운 잉어들이 속삭이던 시절.
시간이 지나가자 하늘 저편에서 그레이하운드가 경적소리 울려가며 쳐들어 왔네. 누군가 그 허상虛像 부르던 의미심장한 소리, 당연히 예측할 수 있던 불완전한 소리.

그 허상
정신을 추스르고 수심 많은 보살에게 삼천 냥 빌려 작은 절을 빠져나와 찰나를 자고 나니 비몽사몽 강남고속버스터미널에 도착했지.
그 어느 혈육이 터미널에 정승처럼 버티고 서서 두 눈 흘기는 것 같았으나, 두 눈동자 고요하게 뜨고 기도하던 모습, 그 위력에 숨이 막혀 그 허상 탁한 정신 가다듬고 꼼짝없이 그 눈짓 그 손짓 따라 불광동으로 향했었지.

호호
머리를 아프게 했던 것은, 얼마 후 작은 절의 젊은 보살이 길 떠난 허상에게 삼천 냥 받기도 전에 극약으로 전신을 정복해 생生을 포기했다는 소식이 날아 왔으니….
허허헛
허허헛

***포위당했었나**

허허헛
허허헛
싱그러운 면상面上이지만 그 바닥에 여드름이 찔레꽃 가시 같았고 발자국소리 감지해도 두 어깨 두 허벅지 웅장해서 음성조차 활력이 넘쳐났네. 신학교에 다니던 그 허상 방학이라 깊고 섹시하게 사내와 맞닥뜨리는 순간, 봄날 같은 대지에 스파크 현상이 그윽하게 번지며 등골을 타고 올라왔지.

매일 밤 그 사내
태양이 서산으로 감추기도 바쁘게 그 허상 집 울타리에 온달처럼 걸터앉아 목대 세워 가며 불어대던 불투명한 피리소리.
문제는 그 사내 휴가를 얻어 꽃향기 맞으러 가던 차에 도중하차 예상치 않은 밭에 쟁기를 내렸으니, 순간부터 그 사내 그 허상 달래가며 40여 년 내비게이션으로 존재했지.

하지만
그때 그 시절.
꿈속에서 들려오던 애련함이었나.
"네 이놈! 윗 고을 돌하르방아들 어디 갔냐, 우리 꽃님이 병원으로 후송해 위세척했다~ 네 이 놈."
허허헛
허허헛

***그곳은 길이 아니오**

허허헛
허허헛

그 허상 그 산을 오르기 위해 신발 끈을 동여맸지.

영하 20° 추위를 뚫고 새벽녘 비탈진 길을 후레쉬 하나에 의지해 갈지자로 걸었었지. 사내는 두 팔을 끌어주기도 하고, 궁둥이를 받쳐주기도 하며 설악산 언저리를 횡단하게 했지.

문제는

백담사에 내려오자 그 사내 맥이 풀렸는지 빠른 걸음으로 내려가고, 그 허상 무심코 샛길을 통해 빠른 길로 치달으며 재빠르게 담을 넘으려는 순간,

“여보시오! 그곳은 길이 아니오 돌아서 가시오”라던 늙은 남자의 괴괴한 목소리.

그 허상 그 순간 그 괴성에 나른하게 감전되고 말았지. 돌풍과 번개가 되어 영혼을 때린 한 마디가 뇌리를 툭툭 치며 생生의 내비게이션이 되어 주었지.

“그곳은 길이 아니오 돌아서 가시오.”

그 허상

얼어맞은 머리통 가까스로 동여매고 산속으로 들어가는 늙은 남자를 정신줄 놓고 뒤쫓아 갔지. 걸레스님 중광이 뿜어내던 마력에 매혹당하고 말았던 거야.

앞서 내려가는 사내 역시 그곳은 길이 아니라며 소리를 질렀지만 맥이 풀렸는지 터벅터벅 내려가고, 그 허상 샘물 만난 듯 스님 중광을 쫓아가

서 책까지 받게 되었으니, 그때 갈겨 준 '싸인' 을 음미하며 이 세상 가진 자를 두려워하지 않았었지.

하지만
가던 길 중지하고 다시 뒤를 돌아 에스코트하러 올라오던 그 남자 어느 순간 돌부리에 넘어져서 붕대를 찾고 있었어. 아아 그 남자의 한 생生— 알 것 같기도 하고 모를 것 같기도 한 그 허상, 내비게이션 되느라고 뇌골腦骨이 오죽이나 삭았을까.
허허헛
허허헛

***떨고 있는 퍼즐 하나**

허허헛
허허헛
가능하다면 정박되지 않는 삶을 살고 싶어. 그 어떤 시도가 없으면 그 어떤 퍼즐도 채워질 수가 없기 때문이야. 항구에 정박해 있는 배는 안전하긴 하지만 그 배는 항구에 묶어두려고 제작된 것은 아니잖아. 무엇이든 두드리고 들어가서 노력하면 내일을 가동하기 위한 엔진이 숨어있지.

가끔
일상에서 탈출해 의미를 찾는 시간과 마주한다면 꿈을 좇아 갈 수 있을 거야. 어떤 일이든지 출발점은 두렵지만 후회하지 않는 삶을 살아내기 위해서는 가지 않은 길을 향해 달려갈 수밖에 없잖아.

삶은 소용돌이라 주저앉고 싶을 때가 허다하지만 혼신을 다해 달려간다면 지구에 마그마가 터진다 해도 후회가 없기 때문이지. 떨고 있는 퍼즐놀이 과정마다 표정이 다르지만, 제자리를 찾아 메워질 때는 희열을 느끼기 때문이지.

삶은 헤맴을 통해 항구를 찾아갈 때 그 어떤 경계선에 도달하게 되거든. 두 번 다시 주어질 수 없는 일회적인 삶 속에서 가지치기를 하며 동굴에서 벗어나야 햇살을 볼 수가 있어. 영적으로 수양하며 살아온 삶보다 살아갈 시간에 정신을 모으고 '뒷모습' 한 조각 그려내야 하기 때문이지.

생명이 있다고 해서 삶이 아니라는 것을 실감하기 때문이야. 모험에는 낯섦이 마주하지만 그것과의 조우를 통해 살아있음을 확인할 수 있어서야. 이 순간 한 조각 퍼즐놀이에 관심을 두는 것도 남은 에너지를 치열하게 쓰기 위함이지.

세상은 영원한 것이 없으므로 마음을 뚫고 지나가는 것을 붙잡아야 한 장의 그림을 그릴 수가 있어. 뒷모습에 끼워 넣을 마지막 퍼즐에 고민하며 창밖을 응시해야 남은 삶을 떨림 있게 살아갈 수가 있어서야.

어느 철학자는 '깊은 심연에서 더 없이 높은 것이 나왔다'고 하지 않았던

가. 인생은 정박자가 아니라 방랑자라고 했던 그 남자 니체, 무의식의 바다 본능의 바다를 소리 없이 다스리며 심연 속으로 들어가서 자기 영혼과 대면했기 때문일까. 거센 풍우 속에서 간간이 벗어나 사막에 괴어 있는 햇살을 응시했기 때문일까.

그 남자, 바그너에게 실망하게 되자 작곡가 비제의 '카르멘'을 수십 번 감상한 사람이지. 그가 그 음악이 좋은 이유는 악하고 세련되고 숙명적이기 때문이라고 했어. '카르멘'이 아름다운 것은 삶에서 우러난 비극을 숙명적으로 녹여냈기 때문이야. 선에 유혹 당하지도 않고 몰락을 두려워하지도 않으며 자유정신을 지향했기 때문이지.

나도 '나'를 깨워주는 것에 몰입하고 싶지만 뜻대로 되지 않을 때가 많아. 사소한 흔적일지라도 생을 살아가는 동안 나만의 그림자는 '나'를 호흡하게 하는 에너지가 되므로, 오늘도 '나'를 훔쳐보는 일에 관심을 두나 봐. 아니 그보다 내 안에 잠재해 있는 에고가 에덴의 질서를 방해하며 뱀의 형상에 가깝기 때문일까.

일회적인 삶, 그 삶에 있어 엉거주춤 제자리를 찾으려는 퍼즐 하나, 영원하지 않은 것에 마음을 두기보다 영원한 것을 위해 남아 있는 에너지를 소진해야 하는데, 지금 이 순간 떨고 있는 퍼즐 하나 어디를 향해 달려갈까.
허허헛
허허헛

(2016)

똥밭에 구를 바엔 저승이 좋다

화장터 대기실에 우두커니 앉아 보이지 않는 형상으로 번호표를 바라본다. 몇 시간이 지나기도 전에 화장火葬할 순서가 돌아왔는지 전광판의 글자가 발광한다.
그 순간 미친 듯이 뛰쳐나가 저 멀리 연통 주변에서 검붉은 색으로 너울거리는 한계의 실체, 뱀의 꼬리처럼 제멋대로 비비꼬는 연기의 퍼포먼스를 바라본다.
침묵만을 머금은 채 하늘로 주춤거리며 솟아오르고 있는 검고 붉은 연기, 무슨 한恨이 많아 흙구름처럼 뿌려지며 중천中天 어느 마을 지점에서 뱅뱅 맴돌고만 있을까.

하데스에 가서도 비통한 마음을 지우지 못해 아케론Acheron 강을 건너지 못할까 걱정이 돼서일까. 세상의 모든 것을 망각하기 힘들어 레테Lethe 강을 건너지 못할까 염려가 돼서일까. 뱃사공 카론Charon에게 건네줄 노잣돈을 잊고 와서 강가에 쭈그리고 앉아 달려온 길을 되새겨 보려는가.

아니면 생生의 부질없음을 잠시 느껴 강둑에 망연하게 앉아 명상에 잠기려

하는가. 아니면 짧은 생生에 못다 이룬 꿈이 많아 먼 길을 떠나는 것이 사뭇 아쉬워 나룻배에 올라서길 거부하려는 심산 때문일까.
아아, '삶'은 괴물 같은 것, 지독히도 괴물 같은 것, 소크라테스도 '삶'이라는 괴물을 치료할 수 있는 대상은 '죽음' 뿐이라고 하지 않았던가. 그렇다면 '죽음'이라는 괴물을 치료할 수 있는 것 역시 '삶'이었음을 왜 몰랐던가.

개똥밭에 굴러도 이승이 좋다는데,
오직 그 사람에게 빚을 갚는 마음으로, 그 사람이 떠난 그 모습 그대로 그 사람 뒤를 따라가고 있는 내가 아닌가.
"이제 비로소 너에게 마음의 빚을 갚고 있어. 이젠 대大 자유를 만끽하기 위해 양심과 심장을 활짝 가동하고 유황불 속이라도 날아다니고 싶어"라고 환호성 지르며 생명 다하는 순간까지 진정 희열을 느끼곤 했는데, 아아 그러나 이승에 남은 두 나무 그들에겐 제우스의 불벼락보다 더 큰 불벼락을 내리치고 말았으니, '나'라는 존재는 정녕, 아니 아니 '너'라는 존재도 정녕, 구제받지 못할 죄인임엔 변명할 여지가 없다.

그러나, 나 이제 당신에게 달려가고 있소이다.
삶을 살면서도 삶 자체를 깨닫지 못한 삶, 생生을 살면서도 존재 자체를 깨닫지 못한 생, 오직 미친 세상에서 미친 사람으로 허우적대며 헤엄치다 보니…. 도박판 같은 세상에서 한 구성원이 되어 타짜에 중독된 채 귀한 실체를 보지 못했으니.

아아, 그러나 이제 하데스의 다섯 개 강을 건너가면 당신이 파우스트 영혼을 구원한 그레트헨이 되어, 연옥煉獄의 세계에서 컹컹거릴 나의 영혼을 감싸 안아다오.
우리 이승 곳곳에 대大혼란을 주었으나 이제 그곳에선 당신과 나, 스틱스 강에서 목욕을 한 불멸의 원앙새로 부활하여 잘 살아 보자구려.

음음
이 시대를 통탄하며 그 누군가 말했듯이,
엘리베이터를 탔을 때 '닫기'를 누르기 전 누군가 급하게 달려올지도 모를 그 사람을 위해 몇 초만 더 기다려 주는 삶, 출발신호가 떨어져 앞차가 서 있어도 클랙슨을 빵빵 거리지 말고 잠시 정차해 생生의 기로에 서서 갈등하며 괴로워하고 있을지도 모를 누군가를 위해 몇 초만 더 기다려 주는 삶,

친구와 헤어질 때도 혹시 그가 뒤를 돌아보았을 때 살짝 웃어줄 수 있도록 몇 초만 더 기다려 주는 삶, 저녁에는 넉넉한 웃음으로 술 한 잔 따라줄지도 모르니까 출근 준비를 하다가 폭풍 같은 소리를 질러대도 몇 초만 더 인내해 주는 삶을 살아 보자구려.

이제 우리 이승에서 이루지 못한 삶, 천상天上 — 그곳에서 제우스와 메티스 같은 사랑을 꽃피우며 살아 보자구려.
어쩌다 가게에 아이스크림이라도 사러 가서 생각이 나지 않게 되면 "아주머니, '망설임' 만원 어치만 주세요"라고 할 때까지, 은행에 통장을 재발급 받으러 가서 "아가씨, 이 통장 재개발해 주세요"라고 할 때까지, 한 살 차이

노모님을 둔 우리에게 연세가 어떻게 되셨느냐고 물어오면 “우리 부모님은 연년생이세요”라고 할 때까지, 출근 준비에 바쁜 자식에게 빨리 “포클레인이라도 먹고 가라”고 하며 식탁 위에 콘플레이크를 내놓을 때까지.

소보로 빵을 사러 빵집에 갔다가 곰보가 심한 주인을 보고 “아저씨, 곰보빵 오천 원어치 싸주세요”라고 할 때까지, 식물인간된 환자를 병문안 가서 그 어머니 손을 붙잡으며 “어떡하죠. 아드님이 야채인간 되셨으니 얼마나 괴롭겠습니까”라고 할 때까지, 우리 그렇게 살아 보자구려.

아니 아니 그보다,
“당신 도대체 누구시오? 그럼, 당신은 요”라며 서로가 서로를 앙칼지게 밀어내며 “사람 살려~ 도둑이야”라고 비명을 지를 때까지,
우리 그렇게 살아 보자구려.
그러나 무슨 소리, 개똥밭에 굴러도 이승이 좋다는데, 만약 이 순간이 꿈이라고 한다면 당신 진정 제우스의 권력을 부러워 할 수 있겠소? 만약, 이 순간이 꿈이라고 한다면 당신 진정 메티스의 지혜를 부러워 할 수 있겠소?

그 남자
혜민 스님의 금언이 아니더라도
멈추면 비로소 보이는 것들, 멈추면 비로소 보이는 것들….

(2015)

虛像 · 實像 · 異象

그래서
적막이 두렵다오.

동굴에서 드라이 소리 TV소리가 죽음처럼 잠잠해질 때면
그 실체는 더욱 요동쳐 춤을 추던 붉은 의식은 창살 속에 갇혀진 듯 스산함을 몰고 온다오. 이때 정신을 차리고 잘 차려진 밥상에서 포식이나 할까 하고 핏빛 카페트 위에 조심스럽게 세 발 달린 양은밥상을 펼쳐 놓는다오.
문제는 그 밥상이 삐거덕삐거덕 울부짖더니 멀쩡하던 다리 하나가 피를 흘리며 울고 있지 않겠소. 식탁 위에 고추조림 가지조림 초름하게 대기하고 있었으나 밥상다리 부러지고 말았으니, 감칠맛 나는 밥상 차리기는 낭패로 돌아 간 셈이 아니고 무엇이겠소.

덥석 주저앉아 그 군상 또 하나의 밥상다리를 취미삼아 부러뜨러 보았소. 동변상련이라 느꼈는지 구부려진 두 다리, 발악은커녕 군상을 응시하는 데만 몰입하더이다.

문제는 홀로 남아 떨고 있는 마지막 다리 하나, 그러나 그 군상 허기를 채우기 위해 르네상스 식탁에 앉아 밥을 쿡쿡 씹는다면 정녕 개념 있는 군상으로서 정체성을 소멸한 괴물이 아니고 무엇이겠소.

그래서
적막이 두렵다오.

고추조림 가지조림 얼른 뚱땅 냉장고로 집어넣고
밥상에 붙어 있는 다리 한 개 만져보며 수만 가지 생각에 빠져들지 않을 수 없었소. 도스토옙스키처럼 지하에서 수기를 쓰며 비애감을 즐기는 것이 아니라, 그 괴물에게 두 손을 들었으니 퀭한 적막감이 어찌 텅 빈 공간을 휘덮지 않겠소.
밥상다리 세 개 컥컥대며 웃음 줘야 예술적인 밥상, 온전한 밥상을 마련할 수 있을 텐데, 두 다리 부재는 군상을 하데스로 몰고 가서 킁킁킁킁 신음소리 진동하게 하니 어찌 머리가 못이 박힌 듯 요동하지 않겠소.

세 발 달린 밥상을
생명처럼 뮤즈처럼 가슴 중앙에 깔아놓고, 새벽녘 수탉 우는 소리에 간간이 키보드를 누르기도 했었는데, 갑자기 두 발 잃은 밥상만을 끌어안고 있는 형상이니 무슨 배짱으로 적막감의 노예가 되지 않고 견딜힘이 있겠소.
완벽한 그 밥상은 사랑의 놀이터 지혜의 놀이터 정도正道의 놀이터였으니, 불벼락과 함께 잿빛유희를 즐기던 제우스도 멋대로 갈라놓을 수 없는 놀이터였는데, 그 군상 놀이터를 잃었음에도 붉은 이불 뒤집어쓰고 코를 골곤 했으니 하늘인들 고개를 끄덕이며 등을 두드리겠소.

그래서
적막이 두렵다오.

상실감을 찾으려는 빈곤한 마음은 사막에서 오아시스를 찾아 휘도는 느낌, 죽음이 임박한 생명이 삶에 대한 애착을 느끼며 버둥거릴 때 쓰나미처럼 달려드는 그 적막감과 다를 게 없소이다.
그들의 부재는 삶과 영혼에 측량 못할 상실감을 부어주었으니, 어찌 대리석 식탁에 두 다리 꼬고 앉아 고추조림 가지조림 쿡쿡거리며 소화제를 찾을 수가 있겠소.
그 군상. 양철 밥상의 세 개의 다리를 헤라와 아테나 아프로디테 이미지로 조율된 그룹이라 설득하며 달려 왔소.

평온유지를 위해 햇살 같은 모습으로 그 자리를 지켜주던 허상虛像— 연골처럼 끈적끈적한 모습으로 이름 모를 관계를 승화시켜 가던 실상實像—삶 자체를 인내와 위선으로 반죽하며 두루뭉술 춤을 추던 이상異象, 이들 셋의 매듭과 남다른 마음씀은 하늘아래 보기 드문 광장이었다오.
그러나 지금은 두 개의 다리가 소멸된 터라 잿빛밥상에 불과하다오. 온유의 허상 헤라와 지혜의 실상 아테나가 증발한 상태에서, 오직 위선 아닌 위선으로 꽹과리를 두드리며 흙땀을 닦아내는 아프로디테 형상만이 남아 있을 뿐이라오.

그래서
적막이 두렵다오.

그래서
적막이 두렵다오.

삶과 죽음의 경계선상에 우두커니 올라서서 우렁차게 바스락대는 상상
상像·像·象을 응시하며 베갯속에 고개를 처박고 있는가.

(2016)

※ 작가노트

마음을 함께 나눌 수 잇는 친구를 만날 수 있다는 것은 행운이다.
누구나 염원하는 이이지만 마음이 소통되는 친구를 찾는 것은 생각처럼 쉽지 않다. 부부간에도 궁합이 맞아야 결혼생활이 원만하듯, 친구 간에도 전생에서 만난 듯 끈끈함이 서려 있어야 관계가 유지된다.

허상虛像과 실상實像은 수년 전 내 곁을 떠났지만, 나는 늘 그들과 함께 살아간다. 때론 서로가 갈등이 있었을지 모르지만 비교적 따스한 눈동자로 서로를 배려하며 지내는 사이였다. 나는 그 우정이 진실의 소산이라 생각되어 시간이 갈수록 빈자리를 의식하며 살아간다.

그 결과 그 인연을 저버리지 못해 '虛像·實像·異象'이란 제목으로 글을 쓰게 되었다.

갑자기 암진단을 받고 병마와 투병하다 세상을 등진 ○○○ 선생, 현대수필 편집위원과 문인회장 보직을 끝내고 고향으로 간다면 자취를 감춰버린 ○○○ 선생.

나는 그들의 행선지를 알 길이 없다.
하지만 꿈에서는 종종 본 적이 있어 그 그리움은 눈덩이처럼 불어나곤 했다. 「虛像·實像·異像」의 주인공 중, 허상과 실상은 영혼 깊숙한 곳에서 나를 지켜보는 두 우정의 씨앗이며 그림자다. 두 문우는 진정 영혼으로 맺어진 우정인데 그들은 어느 날 야속하게도 자취를 감추고 말았다.

허상과 실상은 나에게 생명수나 다를 바 없는 문우들인데 그들은 어디론가 떠나고 말았다. 시간이 지날수록 두 얼굴은 그들만의 몸짓으로 내 가슴에 자리 잡을 뿐이었다. 이곳저곳 햇살이 광채를 토해내도, 두 문우를 생각하면 내 영혼은 꺼욱꺼욱 바닷가를 방황하는 물새와 다를 바가 없다.

그 결과 나는 셋의 우정을 '虛像·實像·異象'으로 형상화하며 우리들의 귀한 흔적을 되새겨 보았다. 글에서 보여지는 것은 만남과 이별, 아쉬움과 그리움의 공간이다. 세 개의 다리를 지닌 양철밥상은 우리들의 우정처럼 소탈하고 편안했으나 갑자기 두 개의 다리가 부러지고 말았으니, 한 개의 다리는 수영을 하다 튜브를 놓친 어린애처럼 허우적댈 수밖에 없었다. 그러나 나는 삶의 허기를 채우기 위해 입안에 밥을 넣어 쿡쿡 씹곤 했으니, 살아있는 사람에겐 생명을 부지해야 한다는 공식이 성립된다.

참된 벗이 사라졌다는 것은 절대고독이다. 허상과 실상이 떠남으로써 적막한 내 영혼은 미로迷路를 헤매는 미아迷兒가 되었다.

그들이 없는 밥상은 텅 빔과 다를 바 없어 적막의 시간으로 나타나곤 했다.
양철밥상에 차려놓은 음식들은 웰빙의 놀이터, 사랑의 놀이터, 지혜의 놀이터였는데, 이제 그 행복감을 찾아보는 것은 불가능하다고 할 수 있다.
하지만 나는 식탁에 도도하게 앉아 소화제를 찾고 있다. 진득한 우정들이 별똥별이 되어 알 수 없는 곳으로 흔적을 감췄는데, 에스프레소를 마시며 희희낙락하고 있다.

허상은 『낯선 곳에서의 하룻밤』을 남기고 요단강을 건너가 그곳에서 글을 쓰고 있겠지만, 『운명 카페』를 비롯해 다수의 책을 남긴 실상은, 그 어느 곳에 웅크리고 앉아 글을 쓰고 있을까.
나는 지금 그들의 실생활에 적극 뛰어들어 표현이 불가능했을지도 모를 고통과 문제점에 동참하지 못한 것이 회한으로 남고 있다.
그 회한은 내 무의식 속에서 밤낮으로 헉헉대다, 『虛像·實像·異象』이란 작품으로 드러났던 것이다.

니나내나

어젯밤
무심코 안내된 그곳은 작은아버지 영혼이 계신 곳.
버스로 동대문 근처에 내려 이문동으로 발길을 돌렸지만 꿈속에 나타난 앙상한 건물은 전형적인 제주도 초가집.

나는 그 순간
'저 집 서재에는 아직도 작은아버지 유골함이 있을 텐데, 공간이 넉넉지 않아 불편하겠구나'라며 금방 잠자리를 박차고 악몽에서 깨어났지.
날이 밝으려면 3시간을 더 기다려야 하는데 도저히 잠이 들지 않았어.
몇 개월 전 지구촌에서 가장 처절하지만, 비교적 우아하게 세상을 떠난 숙부를 줄곧 회상해 보았지.
그 꿈의 섬뜩함은 분명 환상이려나.

숙부는 50년 전
이웃 마을 처녀와 결혼을 했으나 그들만의 비밀이 있어 이혼을 하셨지.
내 어렸을 적 숙모였던 그 새댁은 큰형님인 내 어머니에게 부부만의 사정을 고백하며, 이혼하게 해 달라고 호소하는 것을 훔쳐 들은 적이 있었어. 그 후 숙부는 정신의 반半은 허공에 접어두고 그렁저렁 지내셨지.

지난 가을
고향에 내려가
숙부가 수십 년간 칩거했던 그 집을 찾아가 보았어.
대여섯 평 정도의 눈물겨운 그 집, 상상하는 것조차 죄스러운 그 집을 찾아가 보았지만, 죽음보다 짙은 회색지붕이 초록색 지붕으로 둔갑된 채 'B일상 잡화점'이란 이름으로 태연하게 서 있더군. 나는 묵묵히 작은아버지 생전의 고통과 흔적, 숨결을 느껴보는 마음으로 눈썹조차 움직이지 않고 7000원 짜리 수첩 두 권을 계산하고 나왔어.

그곳에
무심한 척 앉아있는 주인은 젊은 여성이지만,
나는 그곳에서 두더지처럼 살다 돌아가신 숙부를 기억하지 않을 수 없었어. '살아 계실 때 숨바꼭질하듯 회피하지 말고, 좀 더 가까이 다가갈껄' 하는 후회감과 독한 양심이 나를 괴롭혔기 때문이지.

이제
그 집도 저 집도 길 떠난 영혼이 머물 집이 아니므로 중천을 떠돌고 있을지도 모를 영혼, 생전에 빨간색 지붕을 만들어 청청하게 살았으면 숙부의 생애가 애석하기나 할까.
'삶'이라는 괴물은 모든 것이 산화되고 나서야 먹구름 같은 회한으로 덮

쳐오게 되나봐. 이제 그 집이 초록색 지붕으로 둔갑했다 해도 숙부가 지극히도 사랑했던 아지트는 그때 그 집―회색빛 안식처야. 지금 이 순간도 숙부의 영혼이 그 집 구석구석 휭휭대긴 하겠지만, 초록색 지붕이 아름다운 전설로 피어나는 'B일상 잡화점'이 되길 염원할 수밖에.

그나저나
니나내나
법원까지 드나들며 친지간에 유산문제로 잡음 내지 말고, 숙부가 남긴 청청한 땅에 가족 묘지를 만들어 불쌍한 영혼이 안식할 곳이 마련되길 바라며….

니나내나
내나니나
왜, 땀 흘리지 않은 것에 대해서도 그토록 사욕을 뿜어내는 것일까.

(2016)

춤추는 구두끈

바람이 있거들랑
구름이 있거들랑
구두끈을 붙잡으려 하지마라 왠지 오늘은 끈 끊어진 연이랄까.
정신을 추스르고 바다를 날아 볼까 구두끈을 동여매고 창공을 걸어 볼까.
모형 같지 않은 형체의 구속이 되어 붉은 적삼 저당 잡히고 싶지 않으니까.
밤하늘의 괴성도 절규하는 밀어도 새빨간 풍선놀이
웬일인지 권태로워.

내일은
비우고 비워 절대적인 자유 짓궂은 독수리처럼 하늘을 날고 싶어.
고럼 허상에 불과했지. 손톱 하나까지도 까마귀 사체처럼 권태로울 줄 몰랐어.
아무 것도 아닌 것들 고까지껏 요 고까짓껏 요.
사막처럼 삭막한 허깨비에 불과했어.

그 찬란한 게임에

권태가 사르르르.
영혼과 영혼이 우레처럼 충돌하는 소리가 들려오네.
붙잡으려 하지마라 매몰 당하기 싫어졌어. 존재의 무거움 존재의 가벼움
무게감이 지렁이 같아 구두끈을 동여매고 싶어졌어.

절대적인 자유를 추구하며
청산을 보고 웃음 짓고, 백운을 보고 물기 한 주발 훔쳐내고 싶어졌어.
바람일 뿐이야 구름일 뿐이야 한 톨의 바람 두 톨의 구름
아무 것도 아닌 것들 지옥만큼 놀라웠어.
환멸이 주검 같아 헛날개 활짝 펴고 창공을 날아볼래.

갈 길은
초록길 찬찬히 걸어갈 길.
짓궂은 백지 위에 동그라미 그려 나가는 길.
가난한 영혼과 마주앉아 봇짐을 내려놓는 길 무당굿이 액운을
풀어가듯 휭휭 걸어 나갈 길.

그래야
어디선가 흥얼대는 멜로디를 들을 수 있으니까.
생멸의 고향이라 편지를 쓸 수 있으니까.
움직임을 더듬어가는 잿빛 그림자가 되어 물기를 훔칠 수 있으니까.
잠든 멜로디 깨워 주는 마파람 되어 멀리서 몰려오는 괴성을 들을 수
있으니까. (2015)

가위눌렸나

패닉

혼자 여행을 떠난 적은 많지 않지만 한 달 만의 자유라도 주어진다면 여한이 없겠다. 동유럽 북유럽은 고사하고 낯익은 섬에 갇혀 갈매기라도 쳐다보며 감정을 조율하고 '생각 그 자체'에 몰입해 보았으면 좋겠다. 시시콜콜 세상일 수평선 끝자락으로 날려 보내고, '가정'이라는 울타리에 구속당하지 않은 채 감정의 자유를 누려보았으면 좋겠다.
그 마음이 통했는지
어떻게 접근해야 좋을지 모를 만큼 애매한 시간들, 적절하게 떨어진 공항에서는 특정 회장단이 모여 호탕하게 교류하고 있었지만, 여성으로서는 혼자 참석한 입장이라 그들과 동떨어진 채 서성였다.
행사에 참석하게 되는 영광을 얻었지만 내 안의 나와 부딪칠 때가 있어 당황한 시간이기도 했다.

뜨다

짭짤한 바람이 요동을 친다.

파도가 날아와 목뼈와 어깨를 툭툭 건드린다. 중국인에겐 침범 당하고 있는 바다지만 근처 호텔 18층에 투숙해 통유리를 뚫고 파도와 직면하는 순간, 마음에는 천상天上과 천하天下를 횡단할 수 있는 자유 그 자체로 가득했다. 고향으로 간 여행이라 순박하고 원초적이었다고나 할까.

하지만 방안 공기가 혼자의 호흡으로만 채워졌다는 것이 자유롭다 못해 섬뜩할 정도였다. 대大자유와 대좌한 시간—침대 시트가 그 어떤 불가항력의 영혼처럼 적막하게 느껴져서 그랬을지도 모르겠다.

어쨌든 오후 6시가 되면 축제현장으로 가야 되지만, 3시간 휴식은 매연에 저당 잡힌 영육의 사슬을 풀어 주긴 했다.

감다

잠시 소파에서 잠이 들었다.

꿈속에서도 바람이 세차게 불어 유리창이 울어댔으므로 깊은 잠을 잘 수가 없었다. 비몽사몽간에 주변을 살펴보니 웬 새댁이 갓난애를 업고 화장실 욕조에 세제를 푼 채 빨랫감을 밟고 있었다. 어디선가 보았음직한 그 새댁은 내가 배정 받은 곳으로 들어와 아기를 내려놓더니 냉장고 속에서 캔 커피 두 개를 꺼내 나에게도 내밀었다.

묘하게도 눈빛으로만 얘기하던 그 여인은 거센 바람소리 거친 파도소리에 가위눌림 당했는지 캔 커피를 비우자마자 흔적도 없이 사라졌다.

원점

밖이 환한데도 그처럼 또렷한 꿈을 꾸게 되다니.
그것도 뜻밖에 택한 여행이 애기 업은 여인과 찰나를 틈타 한 공간에 있었다니…
나는 행사장으로 가는 버스 속에서도 그 새댁의 눈빛을 지울 수가 없었다. 알지 못할 의미가 숨어 있으리라 생각하며 뒷좌석에 앉아 침묵으로 일관—그 여인의 이미지를 더듬어 보았다.

멀지 않은 곳의 축제현장이 보이기 시작했다.
현대감각에 맞춰 재현된 들불축제는 예술 그 자체였다. 활활 타는 불꽃은 여인의 아픔과 갈등을 불 속에 날려 보내고 무의식 어딘가에 숨어있던 찌꺼기를 남김없이 태우며 천상으로 달려가는 춤사위 같았다. 일생을 엉거주춤 살아온 그 여인은 삶을 마감한 뒤에야 비로소 귀한 영혼이 되어 승천하는 것 같았다.

100년 전—세상을 먼저 떠난 남편을 탓하기보다 운명적으로 헤어지게 된 낭군을 찾아 날아가는 그 어떤 몸짓과 같았다. 그 여인은 살기 위해 아기를 시댁에 두고 재가再嫁를 했지만 삶을 마감해서야 남기고 간 핏줄—등에 업고 있던 그 핏줄에 의해 남편 곁에 다시 돌아와 안식할 수 있었으니.

그래서 그런지

축제장 불꽃은 표현할 수 없을 정도로 고혹적이라 영靈과 영이 합일되는 숭고한 예술의 극치가 아닐 수 없었다.
캄캄한 밤이지만
나는 불꽃의 속삭임을 바라보며 춤이라도 추고 싶었다. 창백한 듯 슬프면서도 누구보다 특유의 행복을 느낀 여인—로맨틱한 그 여인의 삶이 나에겐 충만함으로 다가왔으므로 그 축제는 다의성多義性의 춤사위로 펼쳐지는 데까지 확산되고 말았다.

(2015)

성화聖火

타오르는 불꽃
현대감각으로 버무려진 전통축제
정월대보름이 되면
그곳에서는
먼 옛날 선조들의 목축문화를 재현
안녕과 평화를 기원하는 예술적 춤사위로
거듭나지

그것은
그곳을 뛰어넘어 지구촌까지
뻗어가며
웅크리고 있던 겨울잠에서 하루 속히 깨어나
기지개를 켜라고 우렁차게 우렁차게
염원을 하지
아테네 여신의 축복인가 설문대할망의
축복인가

근데 나에겐
신명나는 들불축제
타들어 가는 그 춤사위는
무의식 어딘가에 하얀 꽃으로 피어
윙윙대던 고혹적인 영혼이기도 하여
활활 타는 그 불꽃은
그때 그 여인이 원점으로 돌아가는 광장이기도
하여

(2014)

자카르타, 그곳에서의 해프닝

일주일 만에 가방 속의 물건을 하나둘씩 정리하기 시작했다.
그 사람과의 여름휴가로 갑작스럽게 자카르타 행 비행기를 탔으니 보너스 휴가가 아닐 수 없다. 문제는, 여행을 마치고 집에 돌아와 가방에서 물건을 꺼내며 생각에 잠겨도 그 현상이 두 갈래 세 갈래다. 꺼내는 물건마다 추억이 묻어있고 사연이 묻어있고 잡념까지 묻어 있어, 가방을 정리해도 마음은 정리되기 전 여행 가방처럼 복잡하기만 하다.

나이 들어가며 좋은 생각으로만 각인되어야 할 지금 시점의 여행, 어쩌면 그 사람과의 관계개선 차원에서 떠난 여행이 어딘가 모르게 불순물로 얼룩진 것 같아, '감정 당기기'를 할 수밖에 없다.
여행지로 출국하기 전 인천공항에서의 마음처럼 해맑은 기분이 아니다. 패키지여행으로 출발해 며칠 동안 우리 커플은 짙푸른 감정을 가졌지만, 막상 여행을 마치고 가방을 풀어 놓으니 홀가분한 가방처럼 청청하지 못한 것은 무엇 때문일까.

마사지실에서의 당황함이 아니었나 싶다.

인도네시아 수도 자카르타에 위치한 S. T호텔, 급수가 높은 호텔은 아니지만, 예상보다 기대 이상의 호텔이라 그런대로 주어진 시간을 실속 있게 보낼 수 있었다.
그러나 계획대로 움직여야 하는 패키지여행에서 늦게 돌아와 9시 30분이 넘어서야 전신마사지를 받으려고 그 호텔 지하에서 영업하는 마사지실로 간 것이 문제였다.
우리는 각자 예상과는 달리 정체불명의 마사지실로 안내를 받았다.
나는 숙소에서 급하게 짝꿍을 따라나선 입장이라 지갑과 핸드폰을 편한 가방에 넣은 채 따라갔지만, 황당하게 커플이 서로 분리되자 그 사람에게 가방을 맡기고 그들이 안내하는 곳으로 따라갔다.
물론 짝꿍도 독립된 방에서 마사지를 받았으니 각자 노곤함 속에서 허락된 자유를 누린 셈이지만, 그곳 문화를 전혀 모르는 나로서는 두려움으로 할애된 시간을 보냈다.

한 시간 후 마사지가 끝나자마자 그녀에게 눈인사를 한 뒤 재빨리 짝꿍에게 달려가 마사지실 문을 두드렸으나 한참 후에 문을 열어주는 마사지사 — 독방에 단둘이 있는 그들을 보는 순간, 미묘한 불쾌감을 느끼지 않을 수 없어 한편으론 내 자신이 한심스럽기까지 했다.
"벌써 겉옷까지 입었어요?"
"응, 샤워까지 다했지. 아가씨가 샤워 하라고 하던데…."
"마사지 받고 샤워를 했다구요? 아로마 마사지는 샤워를 하면 안 된다고 하던데…. 그럼 팁은 얼마를 줘야 할까. 지갑을 당신에게 맡기고 다른 방으로 갔잖아…."

"맞아 그렇지. 근데, 나는 조금 전 팁을 줬는데…. 아가씨가 한국 돈이라도 괜찮다고 졸라서…."
"그런 게 어디 있어? 와이프가 오면 같이 주겠다고 해야지…. 근데 왜 팁을 상식 외로 많이 줬어…? 나도 그렇게 줘야 되겠네. 당신의 반사경은 바로 내 자신이니까…." "……."
우리는 숙소에 와서도 서로가 계면쩍은 듯, 말이 없었다.
그러나 마음바닥에서 웅성대는 그곳 풍경이 블랙홀 같은 생각을 품게 하며 목구멍까지 타고 올라왔다.
"……."
"마사지실에서 무슨 일 있었어? 커플인데 왜 우리를 한 방에서 받지 못하게 했지? 당신 왜 말하지 않았어? 우린 커플이라고…. 그 방에는 침대도 두 개 있었잖아, 샤워실과 욕조, 분위기도 그윽하고…."
"나도 몰라. 마사지사가 커플끼리는 안 된다고 해서 따로 받았잖아. 시간이 늦어서 그런가. 근데, 뭐가 이상 있어?"
"아니, 암튼 좋아요! 중요한 것은 지금 이 순간 증명을 해봐요, 그곳에서 아무런 일도 없었다는…ㅋㅋ."

그러나, 집에 돌아와 여행 가방은 제자리를 찾아 안식을 취하고 있지만, 무의식적으로 짊어지고 온 나만의 여행 가방은 며칠이 지나가도 긴 장마처럼 칙칙하기만 하다. 다른 곳에서 분실했을지도 모른, 그러나 그 사람에게 맡겨둔 지갑 속에서 말도 없이 사라진 320달러의 행방 때문일까? 아니면 마사지실 문을 여는 순간, 상식을 벗어난 듯한 그 사람의 살인미소 때문일까?

(2013)

AREAREA

Chapter 3

복수초福壽草

간신히 회색지대를 빠져나오면 청청한 세계를 노크하게 된다.
현실이라는 갑갑함 때문인지 영혼을 환기시킬 계절을 찾아 길을 떠나게 된다. 레일이탈을 꿈꾸고 싶은 충동에 휩싸이는 것도 이 계절이고, 내면 확장을 위해 도전하는 시기도 이 계절이다.
이때 나는 이름 모를 카페에 웅크리고 앉아 이 계절을 음미하며 특유의 세계로 흡수된다. 정신을 잠시 환기시키며 마음가방을 풀어놓게 되면 질서 없는 생각들이 출렁댄다. 낡은 멍석을 펴 놓고 숱한 생각에 시달리다 보면, 은빛갈치를 낚아 챈 어부처럼 그 어떤 충만감에 사로잡히게 된다.

오늘도 곤한 영혼은 겨울을 뚫고 피어난 복수초福壽草를 발견해 몰입하는 순간이다. 무심코 '현대시' 수십 편을 읽어가는 중, 백석의 시詩, 「나와 나타샤와 흰 당나귀」를 만날 수 있었다. 이상과 최승자, 황병승과 김언, 황동규와 박재삼, 천상병과 유치환, 김기림과 박두진, 김수영과 구상, 고은과 김남조, 허영자와 김지하, 한용운과 오세영, 정지용과 서정주, 노천명과 문정희, 조지훈과 김규동, 김행숙과 최명희, 그 외에도 많은 시인을 만났지만, 백석의 작품이 한파로 침잠된 뇌리에 생기를 주며 살아있음을 느끼게 했다.

나는 그 시를 음미하며 '길상화吉祥花'가 잠들어 있는 길상사로 달려갔다. 그날만은 오직 김영한과 백석의 영혼을 훔쳐보기 위한 외출이다.
그들은 '만남'으로 빚어진 보기 드문 인연이다. 인간은 그 어떤 대상을 만나느냐에 따라 색상이 달라짐을 실감하게 했다.
김영한은 많은 이름을 지닌 여성이다. 기명妓名인 '진향', 백석이 지어준 자야子夜, 법정스님이 지어준 법명 — 길상화吉祥花가 그녀의 모습이다. 독재정권시절에 정치인들이 요정정치를 하던 대원각, 그 주인이 법정스님의 『무소유』를 읽고 그 요정을 시주해 만든 절이 길상사다.

불교 측에서는 요정인 대원각을 시주받을 수 없다며 받아들이지 않았으나, 1987년부터 10여 년간 집요하게 요청한 결과 1997년엔 대원각이 길상사로 거듭날 수 있었다. 1995년 대한불교 조계종 송광사 말사인 '대법사'로 등록된 후 사찰이 되었고, 1997년엔 길상사로 이름을 바꿔 재등록한 후, 청학스님이 초대주지로 취임하게 됐다.
열린 공간 길상사는 고뇌에 시달리는 현대인에게 평안의 장소로 거듭났다.
김영한은 서울에서 태어나 남편이 병환으로 세상을 일찍 떠나게 되자 청상과부가 되었고, 열여섯 살에 금하 하규일의 문하생이 되어 '진향'이라는 기명을 받고 기녀가 된다.

당시 그녀는 시·서·화는 물론 '삼천리문학'에 수필까지 발표했다. 그 후 흥사단 신윤국의 후원으로 일본유학까지 가게 되나 일제 강점기에 그가 투옥되자 그 스승을 면회하려고 일본에서 돌아와 함흥으로 가지만 재회에 실패, 그때 운명의 남자 백석을 만나 극적으로 사랑한다. 22세의 진향과 26세의 영어교사, 그들은 사랑이라는 이름으로 동거를 했지만, 백석의 집안 반대로 결혼을 못하고 헤어지는 운명과 직면한다. 백석은 그때 그녀와 만주로 가길 원했지만, 그녀는 그를 따라나서는 것이 백석의 장래에 걸림돌이 될지도 모른다며 서울에 남은 여인이다.

홀로 만주로 떠난 백석, 그곳에서 스스로를 달래기 위해 쓴 시가 바로 「나와 나타샤와 흰 당나귀」다. 그녀는 백석과 헤어진 후 요정 사업에 몰입해 대연각을 운영하다 시주를 했지만, 그 대가로 받은 것은 오직 염주와 길상화라는 법명이다.
그녀는 백석의 '나타샤와 나는 눈이 푹푹 쌓이는 밤/ 흰 당나귀를 타고 산골로 가자/ 출출이(뱁새) 우는 깊은 산골로 가서 마가리(오막살이)에 살자'라는 메시지를 잊지 않은 여인이다. 대연각이 백석의 시 한 줄만도 못하다며 길상화로 피어난 여인이다. 1997년 '창작과 비평사'에 기부금까지 기탁하며 '백석 문학상'을 만든 그녀는 범인凡人과는 달리 사랑의 의미를 아는 여성이다.

그녀는 1999년 11월, 84세에 세상을 하직하며 자신의 유해를 눈이 오는 날 길상사 경내에 뿌려달라는 유언을 남겼다. 길상사 뒤편 길상헌 언덕에는 김영한의 공덕비가 시들지 않는 길상화로 피어나 소리 없이 웃고 있다.

조용히 눈을 감아본다.
각박한 세상에서 그처럼 청청하고 향기 가득하게 살아가는 사람이 얼마나 될까. 길상사엔 법정스님도 입적해 계시지만 그들은 생멸의 고통을 초월하여 평안을 맛보고 있다. 그곳을 찾는 이들에게 느끼지 못한 것을 느끼게 하며 물욕의 노예가 되지 말라고 가르치고 있다. 얼음을 뚫고 피어나는 복수초처럼 멸하지 않는 길상화가 되어 향기를 날리고 있다.

나도 삶 속에서라도 그런 향기가 배어 있길 소망하며 무술년과 함께 하는 순간이다.

(2018)

맨해튼, 모마MoMA미술관

모마MoMA미술관 커피숍에 앉아 있는 저 나무의 풍경들!
그러나 세월이 갈수록 나무의 나이테는 깊이 팬 구덩이처럼 두터워지고 있다.
그들에겐 원숙함과 지성이 깔려있지만 폐허보다 더 독한 초췌함, 적막감, 절망감, 공포감에 포위당한 형상이 보인다. 90° 각도의 허리, 산등성이 같은 주름살, 발바리 털같이 뿌옇게 빛바랜 머리털….

진정, 저 모습이 인간 한계점의 극치일까.
그 한계에 이르러서는 살아있어도 살아있는 게 아닐까. 신은 인간을 '사랑'이라는 명목으로 동영상으로 제작, 졸음이 오거나 우울증이 오거나 공황상태에 빠질 때마다, 무의식적으로 스마트폰이라도 눌러 상영 또는 관람하는 것은 아닐까.
그래서 잔인하다. 신이 제작한 작품이지만 잔인하다. 천지창조 이후 최대의 걸작이라고 고함지르며 일곱 빛깔 광고를 하더라도, 잔인하다.

하늘이 대지를 한 치의 자유도 없이 포위하는 것만큼, 잔인하다.

그래도
삶은 삶이 아닐 수 없어, 생명은 생명이 아닐 수 없어, 황혼의 극치에 이르러서도
미술관을 찾아 블랙커피 두 잔을 테이블에 올려놓고 동공에서 빠져나가는 에너지를 부축하며, 의식 없이 앉아있는 뉴욕 모마미술관 커피숍의 노老 부부.
나는 바로 그들 앞에서 성스러움의 극치를 느끼기 위해, 아니 장엄한 죽음을 향해 터벅터벅 걸어가는 그들의 동공을 응시하기 위해, 숨을 죽이는 순간이다.
에스프레소 커피보다 강한 그들의 쓸쓸함과 영적 세계를 탐색하기 위해 군상 속, 아니 그들 속의 내가 되어 핏빛보다 독한 에스프레소 커피 향으로 그들의 삶에 제사를 올리며 흠모하는 순간이다.

치매 전야의 노루처럼 인간의 한계점, 아니 그보다도 더한 미래의 내 모습을 훔쳐보는 순간이다.

(2013)

개꿈을 꾸다

간간이

창공을 유랑하는 연鳶을 바라본다.

가오리연으로 무의식의 형상이다. 그 연이 광활한 우주 속을 뱅뱅 날아다니고 있다. 총총히 따라가서 그 축을 조율하고 있는 연의 실체를 응시한다.

조그만 돌담집이 뇌리 속으로 파고 들어온다.

바람이 있거들랑

구름이 있거들랑

동여매는 구두끈을 붙잡으려 하지 말자.

분명 뭔가 잃어버린 느낌, 끈 끊어진 연이랄까.

헛기침을 하고 스스로를 설득시키며 바다 위를 걸어 볼까, 날개옷을 고쳐 입고 창공을 훨훨 날아 볼까. 모형 없는 모형에 구속되어 붉은 적삼 잡히는 것이 땀이 나기 때문일까.

밤하늘의 괴성도 절규하는 파고波高도 알고 보면 가시에 찔려 터지고 말

풍선놀이, 개꿈을 파헤치다 보니 그릇을 비우고 비워 절대적인 자유, 참 자유를 갈망하며 갈매기처럼 살고 싶다.

모든 것은 허상虛想에 불과할 뿐, 찬란하면서도 음산한 허깨비에 불과할 뿐.
그 스산한 게임에 빠져 허우적허우적 헤엄치지만 영혼과 영혼이 번개와 함께 요동하며 충돌하는 소리가 들려온다.
매몰 당하기 싫어졌나. 그 존재의 무거움, 그 존재의 가벼움, 그 가치가 개미 똥처럼 마력이 없어 뚜렷한 의식이 약해졌다.
군상을 헤쳐 가며 혈혈단신 구두끈을 동여매고 산책하고 싶어졌다.
태풍으로 인해 방황하는 구름처럼 절박함이 오더라도, 절대적인 자유를 추구하며 청산靑山을 바라보며 웃음 짓고, 백운정白雲亭에 올라 침묵하며 창공에 휘돌아다니는 유산소를 콸콸 들이키고 싶다.

모든 것은 바람[風]이다, 아무 것도 아닌 것들, 두 발을 보호하던 구두끈을 의식하니 무의식 속 붉은 치마가 죽음만큼 통증 인다.
마음을 들어 하늘을 응시하라.
개꿈이 뇌리를 혼란시켜 이름 모를 갈등과 투쟁하고 있지 않은가.
가지 않은 길은 한적하여 찬찬히 걸어갈 길, 짓궂은 백지 위에 '공空' 한 토막 스케치해 나가는 길, 가난한 영혼과 마주 하기 위해 봇짐을 내려놓는 길, 독수리 날갯짓 하듯 희비喜悲를 조율하며 글 한 편 소신껏 써 나가는 길.

그때 비로소 휭휭휭휭—울부짖는 영혼의 밀어를 들을 수 있으리라. 그 자체가 생멸生滅의 고향이라 연서戀書 한 통 쓸 수 있으리라. 마음의 움직임을 읽어가는 그림자가 되어 피울음 달랠 수 있으리라.
아니 그보다도
잠든 광기狂氣를 깨워 땅속 깊이 숨어있는 괴성魁星을 몰고 올 수 있으리라.

삶이 무엇인지 모를 때가 많았다.
바람이 불어오고 쓰나미가 요동하며 탱고를 춘 때문은 아니다.
꽃은 꽃도 아니었고 나비는 나비도 아니었다. 춘. 하. 추. 동 착각하며 유희를 했을 따름이다.
짙푸른 날개와 에너지는 소소한 것의 밝은 웃음, 싱그러움의 파노라마, 480회 가까이 수령해 온 그 생명줄 덕택이다. 승용차도 과분하여 지하차도를 전전긍긍 헤매지만 심장에 가득한 그 충만함, 바람 부는 정신세계, 윈드서핑windsurfing으로 파도타기를 즐기는 낭만 자체가,

육신의 엔진이나 다를 바 없었으니.
영혼의 엔진이나 다를 바 없었으니.
그러나
신神 중의 신(God)이시여! 개꿈, 그 개꿈에 지배당하지 않게 하소서.

(2014)

중언부언

음음
음음
허공을 헤매던 바람이 푸른 나무에 운명의 알을 까고, 고독을 두르고 걸어가던 구름도 여권도 없이 긴 잠을 자려는 순간, 침묵 속에 정지된 동공, 무언으로 죽어가는 세월의 자락, 전생의 거래가 이루어진 듯 후생의 거래가 예약이 된 듯, 마파람이 증표되어 지나간 자리, 이 밤도 그 형상 사름 사름 피어올라 가슴에 파고드는 파문을 어이할까.

아하
그럼
한 줄기 구름조각 눈과 귀에서 멀어지면 자유의 혼魂이 되어 바람으로 잉태될까. 찬란한 통증 잘근잘근 씹으며 온 몸에 염기 풀어 돌고래가 되어볼까. 그 관념 창파 속에 포속 포속 파묻어 핏물을 훔쳐내는 해초가 되어볼까. 고뇌도 환희도 푸드득거리며 삶을 농락하는 이 순간, 퍼덕이는 날갯짓 퍼덕 움츠리고 뚝뚝 떨어지는 세월을 훔쳐볼까.

아님

그럼

매큼한 외로움 땅속에 파묻고 두 눈 두 귀 붕대로 동여매고서 산자락 베개 삼아 긴 잠을 자 볼까. 처마 밑 별이 드는 곳에 영혼이 숨을 쉬는 곳에 뜨끈한 가슴 풀어 넣어 지독한 꿈을 꾸어 볼까. 구속이 잉태하여 자유의 알을 까고 망령 난 자유가 또 다른 자유를 찾아 헤맬지라도, 겨울 자락에 죽음처럼 숨을 죽여 영원을 갈망하는 회오리가 되어볼까.

(2015)

춤굿, 조정철과 홍윤애

춤은 춤을 추는 자의 영적 표출이야.
춤꾼은 몸짓으로 언어를 뿜어내며 시대를 초월해 둥둥 떠다니는 영매이지. 때론 그 어떤 두려움과 고통 속에 파고들어 피고름을 짜내는 몸짓은 시대를 초월해 누군가를 재현하는 승화의 마술사가 되지.
앞서 간 영혼의 대속인이 되어 굿마당을 벌이는 춤사위는 작품 너머에 숨어 있는 창백한 계절을 불러주지.

김시구

여보시오.
제주에 부는 광풍을 야속해 하지 마시오. 조선시대 정조 5년, 나는 소론 '파지시'를 받고 여기로 부임해 온 제주목사 김시구요. 내 임무는 이곳에 유배된 노론파 조정철, 당신을 제거하라는 어명을 받고 축하연을 베풀고 있소.

조정철

목사나리!

어서 나를 죽이시오. 현상금까지 내걸며 밤낮 일거수일투족을 기찰해도, 누명을 씌우며 죽을 만큼 나를 매질해도 그 어떤 성과도 얻지 못하구 있구려. 초주검이 되도록 나를 내리친 채 관아 밖으로 내던져도 개미똥 같은 증거도 찾아내지 못하구 있구려. 그러나 내 명줄은 당신의 가혹한 핍박에 버틸 힘이 없소이다.
버틸 힘이 없소이다.

홍윤애
나리, 목사나리!
그 남자, 미천한 비바리 소인도 조정철이 정조 시해음모사건에 연루된 것을 모르지 않고 있소이다. 그로 인해 척박한 땅—이곳으로 유배 온 것도 모르지 않고 있소이다.
하지만 소인은 그의 결백을 주장합니다. 비바람에 몸을 틀던 그 남자의 모습이 안타까워 그가 기거하는 울타리를 넘어갈 수밖에 없었지만, 소인은 그의 결백을 주장하나이다. 그러하오니 그를 죽이려거든 차라리….
안 된다고요? 그를 도왔다는 죄목으로 소인을 죽이겠다고요?
괜찮소이다. 소인은 정에 살고 정에 죽겠소이다.
조정철 그 남자와 함께 한 것이 근육과 뼈가 부서질 이유가 된다면, 붉은 피를 토하며 세상을 하직해야 할 이유가 된다면, 마다하지 않으리다 기꺼이 기꺼이.
소인 이제 저승에 가서도 울타리 안에 낭자하게 핀 동백꽃이 되어 흰 영혼을 가진 나비 한 마리를 기다리고 있겠나이다.
넓고 깊은 나라에 가서 죽어도 죽지 않을 무릉도원을 건설하고 있겠나이다.

숨줄을 거두소서 숨줄을….

조정철

홍랑이!

나의 무죄를 주장하다 저 세상으로 떠났구려.

감시와 핍박 속에 세상과 단절된 채 떨던 나에게 당신은 생명줄—공기 자체였소.

서른도 되기 전에 귀양살이를 하며 영양실조까지 걸린 나에게 죽을 끓여다 생명을 연장시킨 여인이 당신이었는데. 내 머리는 발바리 털, 몸은 공룡의 화석, 이빨까지 설기설기 귀신을 방불케 한 나에게 삶을 연명하게 해준 사람이 홍랑, 당신이었는데….

넘지 못할 장벽 속에서도 달빛으로 익어간 우리들의 사랑.

그러나 눈물을 거두고 먼저 가 계시오. 장벽을 뛰어 넘어 꽃을 피운 사랑, 저 세상에 가서라도 우리 등잔에 불을 밝힙시다.

홍윤애!

님이여!

소녀의 비명이 그치자마자 제주 섬에는 석 달 가까이 가뭄이 극심하고, 열흘 동안 폭풍과 큰 비가 내렸다고 들었습니다.

걱정하지 마소서. 슬픈 시간들이 세월 속에 승화되며 봄으로 피어나겠지요.

제주특별자치도립무용단이 '춤'으로 우리 영혼을 부활시켜 장벽을 뛰어 넘겠지요. 역사의 뒤안길에 묻어있다 무용단 단장 '배상복'에 의해 각색된 작품, 두려움과 공포 속에 소녀 죽어 당신 곁을 떠났으니 그 피울음이 깊은 울림으로 번져 별님과 달님에게도 상달되겠지요.

조정철

염려 마오. 홍랑이!

당신이 떠나간 후 26년간 제주에서 귀양살이를 더했지만 임금 정조는 나를 사면시킨 후 관직에 복귀시켰소. 그러나 나는 임금이 하사한 자리도 사양하고 당신이 잠들어 있는 이곳—탐라도에 제주목사로 부임한 뒤, 당신의 무덤을 단장하고 있소이다.

추모비를 세우고 있소이다.

> 옥 같던 그대 얼굴 묻힌 지 몇 해던가
> 누가 그대의 원한을 하늘에 호소할 수 있으리
> 황천길은 먼데 누굴 의지해 돌아갔는가
> — '홍의녀지묘' 중 일부

순수함이 살아있던 당신을 생각하며 글 한 수 지어 추모하고 있소이다. 척박하고 고적하지만 천혜의 환경 속에 당신은 잠들어 있소이다. 연민의 숨결이 생사를 초월해 당신과 나의 강에서 숨을 쉬고 있으므로, 천 길 낭떠러지라 생각 말고 공기 중에 살아 숨쉬며 나를 내려다보시게나. 나 이제 생후 두 달 만에 어디론가 사라진 당신과 나의 결실—우리 아이를 찾아야겠소.

춤이란 무엇인가.
애달프고 긴 역사를 '춤, 홍랑'에 담아 풀어내 제주특별자치도 무용단, 어느덧 제주에 숨겨진 남과 여의 사랑이 장충동 국립극장(해오름)에서 공연되며 관객을 사로잡았으니.
로봇이 인간의 뇌를 점령하는 이 시대에 조선 후반기 역사와 제주여인의 사랑법을 표현하는 작품은, 235년 전 제주에서 벌어진 실화를 춤으로 부활시켜 제주의 문화콘텐츠로 거듭나게 했으니.

그들의 사랑은 욕구충족에 의해 이루어진 인연이 아니었지. 욕구충족에서 출발한 인연은 미래가 없지만, 그것을 뛰어넘어 맺어진 인연은 시대를 초월하지.
운명은 예측불허야. 촉망받던 청년이 과거에 급제했으나 제주 비바리 홍윤애와 불멸의 사랑으로 잉태됐다는 것은 그 누구도 예측하기 어려웠어. 예술의 힘을 빌려 제주 정서가 배어 있는 소재를 발굴해 춤으로 재현하지 않았다면, 그들의 사랑은 저만치 비켜서서 서성일지도 모르겠어. 요즘 같은 세상에 참 사랑의 의미를 돌아보는 관점에서도 공연은 관객에게 강한 울림으로 다가왔어.

각자 맡은 캐릭터들을 잘 소화해내는 무용단원들도 한없이 감사했어. 제주도립무용단의 정체성은 그 어느 예술보다 뚜렷하므로 제주를 소재로 한 공연을 볼 때마다 주인공이 된 듯한 착각에 허우적대게 하지. 사랑의 가치가 물질로 변해가는 시대에 한 여인의 고결한 사랑은 제주여인의 내면에 잠재된 기질과 진실, 무의식의 표출이 아닐 수 없었어.

지금도 제주시 애월읍 중산간 마을인 유수암리에 홍윤애의 무덤이 남아 있지.
매년 이곳에서 제주문인협회 주최로 '홍윤애 추모문학제'가 열리고 있으며 홍윤애를 사랑하는 '홍사모'까지 생겨 그 여인을 추모하고 있어. 홍윤애를 제주여성의 표상으로 삼으며 추모문학제를 개최하고 있어.
많은 문학도들이 '유배의 꽃'이라 불리는 홍윤애 묘비를 감상하기 위해 그 무덤을 찾으며 그들을 연구하고 있어.

조정철 집안인 양주 조씨 대종회도 상주시에 있는 문중 사당인 '함녕재'에서 '홍윤애 위패 봉안식'을 거행했지. 홍윤애를 조정철의 정식부인으로 인정하는 자리였지.
조정철 무덤이 남아있는 충청남도 충주시에서도 그들의 러브스토리를 스토리텔링화하며, 수안보의 관광자원으로 만들기 위해 작업을 하고 있지.
제주특별자치도립무용단도 '춤, 홍랑'을 통해 이백여 년 전 제주 땅까지 불어닥친 당쟁의 소용돌이를 각인시켜주며, 사랑의 힘으로 사랑을 지켜낸 제주 여인의 모습을 춤으로 풀어내는 데 성공했지.

두 눈을 감아보니 한 남자의 유배지를 배회하던 제주 비바리가 서걱서걱 떠오르고 있네.

(2017)

아무것도 아닌 것

마음이 진흙 속에 파묻히게 된 동기가 무엇일까.
누군가 길을 잃고 헤매는 나를 구해주었으면 좋으련만, 그 사람은 요요한 굉음 속에서 숨 가빠 허덕이는 나를 끌어주진 못했다. 장벽이 높아 햇살 한 줌 들어올 수 없는 어둠 속의 벽 속, 그건 분명 고요한 추락과도 다를 바가 없었는데.
도리가 없었다. 다른 출구를 찾아 나서려고 해도 머릿속에서 펼쳐지는 상상의 연결고린 끊어지지 않고, 벽안에 괴물처럼 웅크리고 앉아 노려보고 있었으니 숨이 가쁠 수밖에.

아직은 살아있다는 느낌, 아직은 존재감을 느끼고 싶었는데, 아직은 내 성지聖地를 지키고 싶었는데, 언젠가 세상 하직할 때 묘비명에 '무언無言으로 길 떠난 여자'라고 새기고 싶었는데.
그것도 하나의 사치일 뿐 결코 길 떠난 뒤에도 함초롬하게 서성거릴 그 무엇 하나 일구진 못했다. 그래서 불의에 저항하며 순리에 매달렸고 살아보려고 땀을 닦지 않았던가. 내 안의 그 무엇, 절망의 늪으로 끌어내리며 추락하게 하는 정체들을 향해 저항하지 않았던가.

온갖 분노와 제스처를 광적으로 또는 조심스럽게 다스리며 대상에게 살아있음을 증명했고 진정 분노를 환기시키려고 긴 시간 얼굴에 미소를 지으려고 애를 썼지만, 미묘한 상처와 여러 가지 고통은 그 어떤 것으로도 통제되지 않는 실정이 아니던가.
나에겐 상상을 초월한 일이지만 상대에겐 한순간 허무와 동행하는 게임에 불과했을지도 모르는, 그러니까 더욱 혼자 무의미하게 사막 위를 걸어가며 투쟁하지 않았던가.

그래서 늘 혼자 있을 때 춤을 추게 되었을까. 철저하게 벌거벗은 영혼의 나체로 내 안의 우주를 뱅뱅 돌게 되었을까. 상황을 원점으로 돌려놓으려 해도 머릿속을 가로 지르는 기분 나쁜 영상들이 가득 차 있었기에. 꿈속에서 보았거나 책 속에서 읽었음직한 일들이 머릿속에서 여과 없이 상영되지 않았던가. 아니 그 자체를 미화시키기보다는 현실 그 자체로서 변명으로는 치료할 수가 없어 상처를 입을 수밖에 없지 않았던가. 인생의 허무감을 극복하기 위해 성지의 평온을 휘저어놓으며 고통으로 환원시킨 게임의 주체가 분명했으니까.

이 게임의 주체들은 나를 고요하게 잠들도록 내 삶의 무늬를 바라보며 미소 지을 수 있도록 그대로 놔두질 않았으니까. 밤이 아닌데도 단계적으로 깊은 밤을 만들어 가며 정말이지 너무나도 잔인하게 피울음을 울게 하지 않았던가.
잠이 들면 나의 땀을 닦아주고 나의 마음을 만져주던 그 실체가 이젠 내가 내 안에서 쫓아내야 할 만큼 타인으로 다가와 우두커니 서 있었으니 우리는 분명 거리를 두고 서성이는 물과 불의 관계, 해와 달의 관계가 아니고 무엇인가.

어쩌면 사치스런 감정에서 빚어진 게임, 진정 우리가 원했던 것은 무질서와 혼란이 아니었는데, 결국 깊은 밤 차량이 뜸한 고속도로에서 200킬로로 질주하는 심정이 되고 말았다.
문제는 부딪치거나 넘어져도 오뚝이처럼 일어서질 못하고 그 제스처에 희롱 당하고 있어 더욱 한심스러울 수밖에. 살아남기 위해 동네병원에서 링거를 꽂은 채 하얀 천정만 바라볼 뿐 그 어떤 것도 취하질 못했으니.

다행인 것은 저항기질이 있는 내가 그 상황에서도 샛길의 유혹을 강렬하게 물리치며 어김없이 돌파구를 놓치진 않았었지. 충격과 섭섭함으로 뇌리가 범벅이 되었어도 눈물을 훔쳐내며 화장실로 달려가 문을 잠갔을 뿐 액션다운 액션을 취하진 못했었지.
그 후유증은 봄꽃이 자취를 감춰 6월이 다가와도, 침대 속엔 긴장감과 함께 냉기가 휘돌아 한 겨울 솜이불을 꺼내어 체온을 유지하며, 긴장의 순간에는 마음이 떨리곤 했지. 정체모를 불신감과 마주앉아 들이닥치는 현기증엔 영혼이 떨리곤 했지.

결국 '아무것도 아닌 것에 대한 해프닝'이라며 나를 잠재우는 그 사람. 그러나 절대공허와 절대고독에 익숙해진 나에겐 의미 모를 미소와 초연한 그림자만이 가슴 중앙에 남아 있는 걸.
음음 근데, 상상의 세계가 걷혀 가는지 초인종소리가 들려온다. 요즘

더욱 머리굽이 앙상해 초췌해진 그 사람이 넥타이를 풀고 있다. 평행선을 달리던 긴 전쟁에서 심히 지쳐있는 그 모습에 증憎보다는 애愛를 불러일으키긴 한다.

진정 실마리가 풀려질까 매듭이 풀려질까.
두 사람은 피차 분노의 화신이 되어 악마의 노름판에 판돈이 되었던 걸까. 아니면 그 사람이 오리지널 악마였나 내가 오리지널 악마였나.

아니면 조물주여!
당신께서 저희들을 향해 내리신 대大시험이었나이까.

(2013)

이젠, 그 이혼을 이해해

이혼은 이 시대 또 하나의 거센 바람[風]이다.

이혼 중에서도 황혼이혼은 가족의 틀이 붕괴되는 사건이다. 준비되지 않은 그 이혼은 부부의 삶 전체, 자식들의 삶에 영향을 줄 수 있어 신중히 선택해야 할 문제임엔 부정할 여지가 없다.

'2013년도 사법연감'에 따르면 지난해 우리나라 결혼 건수는 약 33만 쌍인 반면, 이혼 건수는 11만 쌍에 이르고 있다는 통계가 나왔다. 신혼들의 30% 정도가 이혼으로 치닫고 있는데 그 이유는 성격차이, 경제문제, 배우자 부정, 가족 간 불화, 정신적 학대, 육체적 학대로 드러나고 있다.

문제가 되는 것은, 황혼 이혼의 비중도 만만치 않아 시간을 다투고 급격히 증가하고 있어, 최근에는 신혼이혼 건수보다 황혼이혼 건수가 웃돌고 있는 실정이다.

이런 현상은 평균 수평이 늘어나기 때문이며, 상대에 대한 적대감과 이혼에 대한 사회적 인식변화, 개인의 삶에 대한 가치관 변화가 그 원인으로 드러나고 있다.

'황혼이혼'이란 용어는 1990대 초반 일본에서 생긴 신조어로 통용되었음은 누구나 알고 있다. 일본경제가 불황에 접어들자 봉급생활자들 가운데 퇴직금을 탄 후, 부인으로부터 이혼소송을 제기당하는 경우가 많아졌다는 내용을 한국 언론에서 보도하면서 등장하기 시작했다.

그들의 이혼은 경제 불황으로 인한 문제만이 아니라 여러 가지 이혼사유가 있었음이 분명하다. 몇 십 년 살아가면서 누적된 그 무엇—보편적인 생각으론 배우자외도 문제, 정신적 학대, 육체적 학대가 이혼사유로선 우선할 것 같은데, 그들이 내세우는 이혼사유는 다른 느낌이다.
그 어떤 이혼이든 그 실상에 관심을 두는 사람이 적지 않은 지금, '난 그 이혼을 이해해', '난 그 이혼을 이해 못해'로 나타나며 상반된 반응을 보이고 있는 현실이다.

황혼이혼이 부정적인 측면만 있는 것은 아니다.
긴 세월 살다보면 원만해 보이는 부부도 이혼을 생각할 때가 없지 않은 세상이다.
부부관계가 '잉꼬부부'라 칭하는 부부일수록 어쩌다 서로 간에 신뢰를 잃게 되는 사건이 발생되면 상처를 쉽게 받아 위험수치가 높아진다. 그만큼 상대를 의지하고 신뢰하며 삶 전체를 몰입한 데서 오는 충격 때문이다.

잉꼬부부였던 커플이 만성애정결핍 커플보다 급성이혼으로 치닫는 것은 분명한 사실이다. '당신이 정말 그럴 수가 있어'라며 감당 못 할 정도로 배신감을 느끼게 된다. 애정 없는 부부는 황혼이혼을 할 경우 불편함만 있을 뿐이지 정신적으론 문제가 되진 않는다. 재산이 많은 채 무늬만 부부모양으로 유지해가는 사람이 적지 않은 세상이라 사회적 위치로 인한 남의 이목, 무언가 정상가정을 유지하고 있다는 위안감, 재산분할 문제, 자식들의 반대로 이혼을 실현하지 못하는 경우가 많다.

그러나 재산에 관계없이 사랑한다고 자부하는 부부 사이에서 벌어지는 이혼 사유는 부부생활에 쉽게 금이 간다.

내가 아는 부부에게도 그런 경험이 있었다.
상대방에겐 대수롭지 않은 일일지라도, 신뢰하던 상대에게서 일탈된 일이 발견된 적이 많아 그 불신감으로 인해 그 가정은 파장을 일으켰으므로, 집안 분위기가 쓰나미처럼 휘몰아치는 것을 본 적이 있다.
남자들은 육체가 부러졌을 때 고통을 느낀다지만, 여자들은 육체의 아픔은 기본으로 극복하고 마음이 아플 때 상처를 받는다는 말이 있듯, 요즘 이혼 문제로 떠오르는 문제 중, '배우자 부정행위' 문제로 인한 신경 소모전은 심각한 현상이 아닐 수 없다.

그 결과, 오해라며 무마시키려는 상대의 노력에도 불구하고 상대를 향한 미묘한 언어폭력, 거금의 비밀통장 소지, 스마트폰에 저장된 불쾌한 흔적, 과도한 내용의 이메일 교환, 그런 종류의 메시지 남발, 전화통화 지우기를 반복한 흔적들이 그 증거물로 남아 있어 문제가 되는 세상이다.
이때 피해자 측에서는 상대의 진실을 인정하지 못하게 되어 마음의 병이 깊어지기 마련이고, 개념 없이 지출을 하기 시작하며, 상대에게 보복하는 마음까지 생겨 방황하는 모습, 상식 외의 모습을 보여 주게 된다.

부부사이가 그런 문제로 갈등할 때 가정 분위기도 냉랭하게 변하는 것은 당연하고, 어쩌다 상대가 몸이 아픈 다 해도 안타까운 생각이 덜할 것 같다며, 그동안 살아온 흔적들이 처절하게 깨지는 경지까지 간 것을 목격할 수 있었다.
모든 것이 오해에서 빚어진 일일 수도 있겠지만, 내가 아는 그 사람은 다른 이성을 향한 미묘한 마음가짐과 행동만으로도 얼마든지 이혼상황까지 벌어질 수도 있었음을 경험했다며, 1년 내내 고통 속에서 예상 못한 세상을 살았다며 묘한 숨을 내쉬었다.

사이가 좋은 부부일수록 상대가 별안간 세상을 떠나게 되면 그렇지 않은 커플보다 일찍 재혼하는 것처럼, 잉꼬부부라 칭했던 부부들도 상대에 대한 신뢰감이 대책 없이 무너질 때 그 섭섭함으로 인해 지체 없이 다른 생각을 하며 이혼까지 해도 무방하다는 경계선까지 치닫게 된다.
그러나 어느 순간, 세상을 바라보는 각도와 관점을 달리하며 인내하는 저력과 함께 마음을 정리하는 순간, 마음속에 웅크리고 있던 불신과 칙칙한 감정들이 바뀌기 시작한다.

이것으로 볼 때 행복과 불행은 동전의 양면, 종이 한 장 차이일 만큼 스릴 있는 게임이다.
좌우간 이혼은 인간에게 주어진 '특권'이며 '생명 살리기 제도'라고 생각

된다.
감정을 가진 인간이라면 상황에 따라서는 이혼도 피할 수 없다는 결론에 도달하게 된다. 인간의 정신내부에 온갖 시스템이 가동되며 정신과 육체를 끌어가듯, 결혼과 이혼도 인간에겐 맛이 다른 양식에 불과할 뿐이다.

사람은 함께 함으로써 애정이 돈독해지는 커플도 있지만, 가까이 있어 서로에게 나태해지다 보면 보지 말아야 될 것을 보게 되고, 느끼지 못할 것을 느끼게 되어 본의 아니게 서로 상처를 줄 때가 많다.
결혼할 때는 '검은 머리가 파뿌리 될 때까지'가 아니라, 삶이 마감되어 저 세상에 가서라도 손을 꼭 잡고 백골이 진토되기를 갈망하지만, 상대에 대한 불신은 그 숭고한 성城을 처참하게 무너뜨리고 만다.

인간의 삶만이 아니라, 남녀 간의 사랑도 봄날을 시작으로 여름과 가을의 과정을 거쳐 겨울을 맞이하는 순서로 나타난다.
인내를 하며 견뎌낸 사람은 겨울 같은 삶 속에서도 결혼생활을 성공적으로 끌고 가 또 다른 봄을 틔울 수 있는 비전이 생기지만, 그 반대인 경우는 봄날처럼 훈훈했던 사랑도 죽음보다 독한 겨울—'헤어짐'으로 치닫게 된다.
상황에 따라 이혼도 감수할 수 있는 게 인간이지만, 그 '이혼은 죽음보다 비참'한 것은 변명할 여지가 없다. 그러나 이혼 전의 고통이 죽음의 상황보다 침통하게 나타날 경우에는 대부분의 사람이 그 길을 택하는 경우가 많으므로, 누구든지 그 상황을 경험하지 않고서는 일방적으로 이혼에 대해 부정적인 시각을 보낼 수만은 없다.

세상에는 죽음보다 고통스러운 결혼생활을 유지하며 일부일처一夫一妻를 운운, '껍데기 윤리제도'에 구속당하는 이중인격자가 있는가 하면, 그와는 다르게 죽음보다 비교적 생명 있는 삶을 살기 위해 이혼을 택하는 세상으로 변해가는 것은 바람직한 현상이다.
그래서 '난 그 이혼을 이해해', '난 그 이혼을 이해 못해' 현상으로 나타나는 현실이다. 어쨌든 황혼이혼은 젊은 사람들의 이혼과는 달리 갑자기 결정되는 사건은 아니지만, 급성폐렴이 만성폐렴보다 위험한 것처럼 급성갈등이 만성갈등보다 위험할 때가 있다. 오랜 세월 평탄한 삶을 살았다고 해도, 갑자기 예상 못한 폭풍으로 이혼을 하게 되는 경우가 흔한 세상이다.

황혼이혼은 대부분 내심內心으로 피차 이혼의 위기를 오랫동안 견뎌오다 자녀들이 성인이 돼서 부모의 품을 떠난 후, 텅 빈 집안에 앉아 있는 부부들은 침묵으로 일관하며 언어의 스킨십까지 없어지게 되면, 그동안 땅속에 묻어두었던 부부간의 문제들이 붉은 상처로 떠오르며 풀지 못했던 갈등들이 툭툭 튀어나와 고조되기 시작, 황혼이혼을 선택하는 경우가 많기 마련이다.

당신은 어떠한가.
당신 역시, 갈매기 청청한 영혼처럼 상대를 절대적으로 사랑하며 상대의 그림자를 따라 다녔지만, 지금은 혹시 순박했던 그 시절이 그리워지는 순간들이 있진 않은가.

(2013)

긴 터널, 그 청사진

바람이 분다.
연휴를 마무리하기 하루 전, 퉁퉁 부은 마음으로 현관문을 나섰다.
가방 두 개에 몇 권의 책과 여러 장의 백지, 마음의 찌꺼기를 털어낼 수 있는 노트북을 담고 뚜벅뚜벅 아파트 정문을 나섰다. 문제는, 서성이는 마음을 부여잡고 단골로 드나드는 카페를 찾아갔지만, 연휴가 마무리되지 않은 탓인지 불이 켜 있지 않았다.
큰 숨을 몰아쉬며 발길을 돌렸으나 도서관도 오픈되지 않았고, 이곳저곳 살펴봐도 머리 식힐 장소가 마땅치 않았다.

맷돌 같은 가방을 둘러메고 잠시 헤매다 보니 어느 공원이 두 눈에 들어왔다.
공원에는 두서너 명의 젊은이가 수군대고, 빈 의자들이 정갈하게 자리를 지키고 있었다. 책상을 대신할 물체는 없지만 주변 환경이 그늘진 곳과 편안한 의자가 있어 그나마 감사했다. 식어가는 허벅지에 노트북을 올려놓으니 그런대로 지난밤 꿈의 찌꺼리를 털어낼 수 있었다.

며칠이 지났지만 집안에는 추석을 쇠느라 나물무침 냄새, 옥돔을 튀기며 집안에 배어 있는 비린내, 손수 빚다만 동그랑땡 재료들이 머릿속 잡념처럼 퀴퀴하게 남아 있어 머리 식힐 공간이 아니었다. 아침에 커피 잔을 마주 놓고 남편에게 쏟아낸 꿈 내용까지 헤아려 보면, 흐릿한 날씨처럼 어수선하기 짝이 없다.
설거지를 하면서도 그 꿈을 기억하다 보니 컵까지 깨뜨려 우울했지만, 무료하면서도 고달픈 연휴에서 벗어나 평상심을 되찾지 않고서는, 살아 있어도 살아있는 게 아니었다.

감각 잃은 감정, 시력 잃은 삶이 그런 기분일까. 출판사에 연휴 동안 현대수필 원고를 수십 통 보냈지만, 연휴를 마무리 하려면 하루가 남아 선지 '수신 확인'을 클릭해도 '안 읽음'이 계속됐다.
추석 연휴, 얼마나 복잡하고 다양한 시간들이었나. 9월 16일, 12일 간의 긴 여행에서 돌아와 9월 23일 제주도 벌초까지 다녀오고, 10월 3일 추석을 쇠기 위해 시장을 봤으니 온전한 정신이 아니었다.
그뿐이랴. 차례를 지낸 후 10명이 넘는 대가족과 홍천 대명비발디에서 3일을 지내다 그곳 출발과 동시 코를 골았으나, 운전하던 남편이 순식간에 툭툭 치자 잠에서 깨어나 정신을 차린 곳은 아파트 지하주차장이었으니.

그뿐이랴.
동생 내외가 제주에서 차례를 지낸 후 연락도 없이 한밤중 콘도에 도착했으나, 대접은 접어두고 모든 것이 준비되지 않아 민낯의 상황들을 보여주고 말았으니.

중요한 것은 지난밤 꾼 꿈이 참으로 끔찍할 수밖에.
남편은 개꿈이라며 훌훌 털라고 거들었지만, 공원 벤치에서 쾌쾌한 청년을 보는 순간, 10월 1일 관람한 영화 '아이 캔 스피크'와 꿈 내용이 야릇하게 접목되었다.

으스스한 시골 흙집, 그 주변에는 잡풀들이 무성해 있었고 모든 것이 20세기 환경처럼 생소한 풍경. 급히 화장실에도 가야 했으나 문짝도 허름해 들쥐에게도 모든 것이 들킬 것 같은 스산함.
옆에는 쓰러져가는 부엌까지 있어 연탄 냄새가 진동했고….
문제는 그때, 웬 젊은 청년이 불안한 차림으로 그곳을 지나가다 발길을 멈추더니 엉거주춤 화장실에 앉아있는 나와 마주치게 되자 생기를 되찾는 듯 나를 골방으로 끌고 들어가려고 위협했다. 집안에서는 가족들의 웃음소리가 흙벽을 뚫고 들어왔으나 위기의 상황을 알릴 수 없는 순간, 하지만 극과 극의 순간에 비교적 강한 나는 목숨을 담보로 청년에게 의견을 제시했다.

"보시게 젊은이, 만약 이런 불결한 환경에서 나를 범한다면 나는 영영 성감을 못 느끼는 사람이 되고 마네."
"할머니, 실은 저가 성불능자지만 화장실에 앉아있는 할머니를 보는 순간 왠지 가능할 것 같은 느낌이 들어서요.
"딱한 청년이구먼, 어쨌든 우리 환한 곳, 편안한 곳으로 나가세."
나는 그 청년에게 목이 졸릴까. 겁탈을 당할까. 둘 모두를 당해 목숨을 잃는 참극이 벌어질까 기겁을 하면서도, 음성의 톤을 낮추고 청년을 설득시켰더니 뜻밖에도 고개를 끄덕였다. 극한 상황을 피하기 위해 시간을 끌어가며 가족에게 요령껏 상황을 알렸더니, 금세 그들이 달려와 모든 것을 신속하게 처리하며,

"어머니, 이곳에 있으면 큰일 나요. 이 방에는 연탄 냄새가 지독하게 들어와요. 제가 연탄을 갈아야 하니 모두 밖으로 나가세요"라며 위기에서 벗어나게 했고, 그 청년은 한순간에 들이닥친 남자들에 의해 끌려가는 순간,

안방 문 노크소리와 함께
"엄마! 나 출근해야 돼요. 속이 안 좋아서 라면 끓여 주세요. 연휴지만 오늘 회사에 가서 밀린 일을 처리해야 내일부터 근무하기 쉬워서요."

'고맙구나 아들, 그 정도는 돼야 세상을 극복하지.' 내심으로 감사하며 짓궂은 꿈도 접어둔 채 아침상을 차렸다.

하지만 나도,
꿈속에서 극과 극의 상황을 지혜롭게 극복해 냈으니 인생을 두 번 산 것처럼 정신이 성장한 느낌이다. 참으로 무시무시한 꿈….

가방을 짊어지고
현관으로 들어서는 발걸음이 무겁지만은 않았다.

(2017)

날것, 그대로의 순간

늘어가고 있다 혼밥 먹는 그네들이.

그것을 합리화시켜 가는 신조어가 염병처럼 번지고 있다. 혼자 여행을 하고 혼자 영화를 보며, 혼자 밥을 먹고 혼자 술을 마시는 문화가 시대의 트렌드처럼 횡횡대고 있다.
문제는, 사회적으로 고립된 삶을 살게 되면 담배를 피우거나 운동을 하지 않는 것만큼 몸에 해로움을 준다는 말이 씁쓸하다, 다른 사람과 유대감이 없는 사람일수록 단명할 확률이 50% 이상 증가된다고 여러 자료는 밝히고 있다. 사회적으로 유대관계가 깊은 사람일수록 만성질환 발병률에 적게 시달린다는 의미로 나타나고 있다.

매우 중요하다 유대관계와 타인과의 소통은… .
상호 간에 이런 저런 관심들이 없게 되면 우리의 신체는 스트레스 호르몬에 만성석으로 노출된다. 혼자 있는 것을 즐기는 사람에게도 결과는 다를 바가 없다.
사회적으로 유대관계를 형성하는 것이 어려울 때도 있으나, 연인을 비롯해 친구들과 관계유지를 원만히 가지게 되면, 사계절의 여왕 '브로콜리'를 먹는 것만큼 건강에 이롭다는 설득력엔 고개를 끄덕이게 된다.

그나저나

싱글 전성시대!

1인 가구의 급증과 개인의 삶을 중시하는 사회분위기 때문에 어쩔 수 없이 혼자 신세가 되거나, 문화에 탑승해 '혼밥' '혼술' '혼영'의 시간을 보내는 물살이 21세기 태풍으로 몰려들고 있는 현실.

'혼밥'의 순간은 영혼이 자유롭다는 그 점이 좋다. 그나저나 '혼밥'을 즐기게 되면, 건강에는 적신호가 오지만 해결하는 노하우가 얼마나 간편한가. 해먹기 좋은 메뉴, 자주 먹기 힘든 메뉴라도 1인용 인스턴트로 쓱쓱 해결하게 되니.

하지만

편의점 도시락이나 라면, 피자나 치킨 같은 배달음식에 의존했던 것에서 벗어나, 맛있고 영양가 있는 '혼밥의 황홀함'에 관심을 두고 있는 싱글족이 웅성댄다. '혼자라도 괜찮아'를 뛰어넘어 '혼자라서 좋은 시대'라며 그네들을 위한 레시피북이 절찬리에 판매되고 있다.

혼밥족을 위한 건강한 한 끼, 바쁘다는 핑계로 편하다는 이유로, 혼자 있고 싶다는 현대병 때문에, 요즘은 레스토랑 뿐 아니라 고기 집까지 '나 홀로' 문화가 태연하게 등장한다.

없는 것은 아니다.

혼밥의 좋은 점은.
오히려 자기를 응시하는 시간, 자기만의 시간에 집중할 수 있는 순간으로 활용된다.
다른 사람과 함께할 때는 옹색한 예의라도 지켜야 하므로 '나'라는 존재는 없고 상대방의 형상만 존재할 수가 있다. 분위기와 메뉴를 상대방에게 맞추다 보면, 마음에 맞지 않은 것이라도 씹어야 할 때가 있다.
점심이라도 잠시 혼밥을 하게 되면 자신을 돌아볼 수 있는 시간, 원인 모르게 쌓여가는 스트레스에서 풀려나 정신을 개운하게 세척시킬 수 있는 시간이 된다.

나는 싱글족이 아니라도 혼밥을 해야 할 때가 있다.
'혼밥' '혼술'이 난무하는 시대라서 그런지, 가정 여건에 의해 혼식을 할 경우에는 더더욱 밥상이 형편없게 된다. 호박나물, 도라지 무침, 동태찌개는 접어두고 총각침치와 김 몇 조각만으로 먹거리를 해결하게 된다.
먹기 위해 사는 것이 아니라, 살기 위해 먹는 것임을 뼈저리게 인식하며 밥숟가락을 들게 된다. '인생이 뭐 별 거 있어?'라는 마음으로 꾸역꾸역 씹게 된다. 이때 나는 절대고독의 섬에 갇혀 있으므로….

혼자 씹는 밥!
날것, 그대로의 순간이다.
총각김치에 밥을 뜨는 순간, 한 쪽으론 그 상황이 센티멘털하면서도 원시적인 시간으로 변해 곤한 영혼을 자유롭게 한다. 내게 있어 혼밥은 허기를 채우기 위해 거행되는 절차지만, '밥'이라는 괴물은 제 값 하지 않을 때가 없어, 존재감이 방황하더라도 총각김치만을 씹게 된다.

하지만
부럽지 않은 시간이다. 그 순간은 그 누구도.
얼렁뚱땅 한 끼를 해결하고 나면 혼밥의 간편함과 자유스런 분위기에 도취한 나머지 종이컵과 맥심커피까지 찾게 된다. 그때서야 비로소 순식간에 해치운 '혼밥'의 정체, 그때 나는 내 삶의 텅 빔을 숨기기라도 하려는 듯, 스메타나의 '나의 조국'을 틀어 제2악장 '몰다우' 부분에선 눈까지 지그시 감게 된다.
무엇이든 그 맛이 강렬하면 아예 그 맛을 찾지 않거나, 아니면 그 맛에 빠져들어야 한다는 어느 시인의 말처럼, 나는 혼밥이라도 원시적인 맛에 빠진 채 살아내기 위해 총각김치라도 쿡쿡 씹게 된다.
정녕 그 '무'를 밀어내지 않게 된다 정녕.

문제는
입으로 들어가는 순간 맹물 속으로 빠져버린 김치.
총각무가 빨건 고춧가루를 씻어내며 제 모습을 잃어가도, '내가 택한 운명'이라 생각하며 자정 넘게까지 기다리게 된다.

지난밤의 웃음소리가 '날것, 그대로의 순간'으로 남아 있어, 씁쓸한 시간과 씁쓸한 혼밥도 마다하지 않게 된다.

(2017)

훼리호 위에서, 그 몽상

사소함 속에서도 그 과정은 의미심장했다.
그곳엔 무엇이 있었기에 가지 않으면 안 될 특유의 행선지가 되었던 것일까.
집에는 백두산 높이, 아니 그 장엄함의 일상보다 더 큰 일상과, 해야 할 일이 묵중하게 쌓여 있는데, 그곳으로의 여행은 나에게 무엇으로 다가왔기에 진땀을 닦으며 가방을 챙겼던 것일까.
5박 6일 간의 백두산 여행, 그것도 비행기가 아닌 인천~단동 간의 여객선을 타고 왕복 36시간의 항해 끝에 그 땅을 여행할 계획이었으니, 분명 카리스마가 있는 여행임엔 틀림없다.

어쨌든 힘에 부쳐 '죽으면 죽으리라'는 각오로 따라나선 여행, 그 사람과의 동행이 감사하기도 했지만, 한편으론 따분하기도 한 평범한 시간 속엔 그 어떤 마력이 숨어 있어 나를 끌어 당겼는지 알 수가 없다.
짝꿍끼리 24명이 참석한 모임이지만, 이 모임은 집안에 대소사大小事가 있을 때 또는 여행 멤버, 또는 운동계획까지도 말없이 실현해가는 호랑이 같은 모임이다. 군 장교 출신으로 이루어진 이 모임은 무엇보다 고단

한 나에겐 안식처가 되어 주고 있어 감사할 따름이다.

인천 앞바다에서의 출항은 순조로웠다.
저녁 다섯 시에 출발한 훼리호는 70년대 여객선 출·입항 때 뱃고동소리보다 낭만감이 덜했지만 그 쓸쓸함은 여전히 남아 있었고, 넓은 바닷물의 긴 침묵과 적적함 뒤에 따라오는 갈매기의 숨 가쁨 역시 나를 잡다한 생각 속으로 끌어넣었다.
나는 드넓은 바다와 그 물살이 싫지 않았다. 바다가 주는 황톳빛 쓸쓸함이 미치도록 좋았다. 바다를 감상하는 순간 그 자체가 나를 영원으로 끌고 가는 길목이나 다를 바 없었고, 고향 바다로 줄달음치는 길목에는 잊었다고 생각한 한라산도 희미하게 떠올랐다.

이젠 감정이 낡을 대로 낡아 증발할 대로 증발해버린 영상들이지만, 여전히 무의식 속에서는 희喜와 비悲로 범벅된 추억의 물살들이 물고리를 휘감으며 따라 나섰다.
놀랜 것은 사실이다. 물살 속에서 과거의 모습들이 출렁거릴 줄은 짐작도 못했다. 참으로 어처구니없는 세상, 그리고 어리석은 세상, 나를 나이게 풀어주지 않고 왜 그 곁에 꼭 부둥켜 안겼는지 정녕 모르겠다. 이제는 지쳐버린 '나'인데, 편안히 그 과거의 시간만을 즐기고 싶은 '나'인데, 현재의 '나'를 과거의 존재로 끌어가는지 당혹스러울 뿐이었다.

생각할수록 마음 편한 일들이 없지 않지만, 이제 그만 그 구렁텅이에서 빠져 나오고 싶은데 중국으로 가는 대해大海 속에서 숱한 상념들이 고개를 쳐들곤 했으니, 괴이한 현상이 아니고 무엇이랴.
일행들은 훼리호 속에서 유쾌한 웃음으로 시간을 끌어가도 '나'라는 존재는 또 하나의 몽상주의가 되어 쓸데없는 생각으로 갈매기와 춤을 추곤 했으니, 호호탕탕 웃을 수밖에 없지 않은가.

상관없다. 고향 바다를 상기하게 하는 그 무엇들이 감미롭다.
바다 속에 숨어있는 무한한 그 밀어들이 싫지 않다.
무엇보다 고향에서 글을 쓰며 활동하고 있는 문인들의 붉은 열정과 땀 흘림까지 살갑게 느껴진다. 그들이 있음으로 해서 '나'라는 존재는 존재다운 존재가 되어 그들에게 가까이 다가갈 수 있는 것….
곁에 있지 않아 모든 것이 구름 속에 가려져 있지만, 고향을 등지고 살아가는 나에게 가끔씩 회초리가 되어주고 있으니, 감사한 일이 아닌가.

꿈속에서조차 고향의 산과 바다를 기억해 냈으니 해신海神이 내려준 조화가 아니고 무엇일까. 고개만 잠깐 돌리면 떠오르는 고향마을, 그 고향을 나그네는 잊지 못하기 때문이다. 길지 않은 삶이지만 언젠가는 오두막집이라도 지어 그 속으로 파고들며 고향의 흙냄새, 그 파도냄새를 맡고 싶기 때문이다.
그때 비로소 지쳐있는 영혼은 휴식을 취하게 될 테니 어찌 어머니 자궁 속 같은 그 산, 그 바다를 외면할 수 있으랴.
고향을 떠난 물새는 꺼욱 꺼욱 울다보면 기억이 가물가물해지며 생生이 저물어갈 것이므로, 그 잔인함이 눈앞에 펼쳐지기 전에 곡괭이를 들어 그 땅에 기둥을 세워야 함을 알기 때문이다.

출렁이는 물살만 보아도 모든 것이 심난해지는 마음, 장롱 깊숙이 간직해 놓은 물 적삼 한 벌과 금이 간 물안경이 아니라도, 파도 소리와 갈매기 울음소리는 일출봉을 눈앞에 둔 조촐한 오조리—사연 많은 물살과 다르지 않기 때문이다.

상념들을 일깨워주고 내 사랑의 원초적 뿌리를 움트게 한 곳, 인생의 깊이를 영글게 하며 문학의 뿌리를 내리게 한 곳을 나는 여전히 기억하기 때문이다.

그 바다 성산포!

출렁이는 그 물살은 지금도 내 안에서 몸부림치고 있어 나의 엔진은 브레이크를 밟았지만 그 바다로 질주하고 있다.

백두산 여행이 시작되지 않은 시간, 그 짧지 않은 시간 속에서 나와 온전히 하나가 된 검푸른 파도, 그 파도가 미친 듯이 나를 유혹하니 온 밤을 갑판 위에서 몽상의 춤을 추며 고향 바다를 훔쳐볼 수밖에 없다.

일출!

그 붉은 햇살에 취해….
그 푸른 창파에 취해….
광년光年이 흐른다 해도, 정녕
일몰日沒을 드러내지 않는
그 거대한
꿈틀거림

성산 일출봉이여!

오늘도
설문대할망이
두 다리를 툭 걸치고 앉아
검붉은 젖가슴을
만지작거리며

천기天氣를 뿜어내고 있다.

육신은 복잡한 서울에서 걸식을 하듯 이름 모를 꽃을 피워간다 해도, 고향 바다가 출렁이고 있는 이상 나는 늘 고향의 파도와 뒤엉켜 놀고 싶다.

(2014)

청계천 야경

어디
프랑스 알렉산더 다리, 아니면 홍콩, 동경, 어느 나라 도시가 청계천 야경만큼 황홀하고 섹시하고 낭만적일까요.
사람의 능력은 모든 상상력과 모든 예술을 능가하나 봐요. 콘크리트 냄새, 하수구 냄새만이 두통을 초래할 뻔했던 청계천 거리를….

이제
서울시내는 광화문을 비롯한 세종문화회관, 인사동을 비롯한 삼청각 거리, 그 중에서도 청계천의 화려한 물빛과 고기들이 물살을 거슬러 헤엄치며 바스락거리는 그 희열 섞인 율동은, 몇 사람이 떼 지어 그 거리를 거닐기보다
차라리

저녁시간이나 아니면 함박눈이 펑펑 쏟아지는 날, 허름한 외투 깃으로 목을 감고 혼자서 터벅터벅 거닐어 본다면, 분명히 그 속에는 그믐달 모습이 떠오르고

마음속에는 사그러 가던 그리움마저 꿈틀거릴 것입니다.
신년을 준비하는 우리들의 가슴에 새로운 소망, 그윽한 소망을 담을 수 있어
물보랏빛 삶을 살 수 있을 것 같습니다.

무엇보다 살아야 될 이유를 느낄 수 있을 것 같습니다.

부디
님이여! 환상적인 여행 떠나시길….
청계천, 그 유혹의 장을 찾아서….

(2012)

가자, 헬스클럽으로

어느 목사님은 첫 부임 설교에서 '불안과 안정은 분리되는 것이 아니라 묵묵히 그 불안을 견뎌내는 게 삶'이라 하였다.
마음에 와 닿는 설교로서 신앙생활의 승패를 가릴 수 있는 말씀이 아닐 수 없었다. 나 역시 허튼 생각이 들이닥칠 때나 걱정거리가 엄습하게 되면 불안과 초조, 혼란에 휩싸일 때가 많다. 그 불안이 어떤 형태의 것이라 해도 삶과는 분리될 수 없어 담담하게 극복하고, 두 어깨를 툭툭 치며 융화될 줄 알아야 된다고 생각한다.

나의 생각이 목사님의 설교와 성향적으로 일치점을 이룬다는 점에서 2층에서 예배를 드렸지만, 목사님을 가까이서 뵙고 싶어 1층 대성전으로 조용히 내려갔다.
나는 더불어 어깨춤을 출 대상, 옷깃에 숨어 있는 불안을 용해시킬 대상을 요즘 '운동'으로 대체시켜 간다. 운동은 삶에 있어 부정적인 면, 힘든 부분을 산화시켜 주는 정화의 상징, 세상을 향해 달음질치게 하는 긍정적 의미에서 '도피의 상징'이다. 그 잠재적 위력이 세상 바람[風]을 잠재운다고 생각하며 어깨춤을 함께 출 도반으로 선택한다.

얼마 전, 건강증진 의원에서 건강검진을 받은 적이 있다.
2년 전에 비해 염려되는 마음이 많았으나 파도처럼 닥쳐오는 일상에는 방파제 모습으로 서 있을 수밖에 없었다. 결과는 '유 소견'이라는 항목이 적지 않아 마음이 긴장되었지만, 지방에 계신 어머니에게도 연락하지 않고 어느 거리에 있는 빌딩 비상구로 들어가 차가운 시멘트 계단에 앉은 채 S대학 내과로 예약날짜를 잡았다.
검진 과정에서 십이지장에 뭔가 보여 조직검사를 했지만, 문제가 되지 않아 1년에 한번 검진을 받으라는 처방으로 한숨 돌리긴 했다.

문제는, 심장이 간간이 두근거릴 때가 있어 '화병 증세가 심心 중에 도사리고 있진 않은가' 하고 상념에 빠질 때가 있다.
콜레스테롤 수치가 다소 높거나 화병 증세를 다스릴 수 있는 것은, 가까스로 음식조절을 하며 계획적으로 운동을 해야 한다는 결론에 도달할 뿐 별다른 해결책을 찾지 못했다. 멍석 위에 갖가지 곡식들이 가지런하게 널려있는 것처럼 여러 가지 공상으로 불편한 곳이 보일 때가 있으나, 시간이 지나고 나면, 표정 없는 표정으로 돌아가는 것이 나의 단점인 동시에 장점이다.
초연한 척하며 아내 역할, 어머니 역할, 할머니 역할, 장모 역할 하는 게 습관이라고 할 수 있으며, 눅눅한 하늘을 바라볼 때면 동생 집에 몸이 편찮은 며느리와 함께 있는 어머니 뒷모습을 그려볼 때가 많다.

어쨌든 의사의 한 마디가 일상의 삶을 변화시킬 줄은 예상하진 못했다.
골프 캐디도 그 어떤 선수를 만나느냐에 따라 배정되는 수익금이 달라지게 마련이듯, 생각도 그 어떤 한계점에서 충돌할 때 스파크현상이 일어나서 생활반경이 확장된다. 그런 의미에서 볼 때 나도 의사의 처방에 따를 겸, 삶의 통로를 불편하게 만드는 정체불명의 실체를 찾으려고 병원에서 나오자마자 헬스클럽—'바디스타'로 달려가 엘리베이터에 올랐다.

짧은 순간에도 긍정과 부정으로 인한 갈등은 있었으나, 그 갈등도 잠시였다.
마음속에서 우러나오는 독한 의지는 그 어떤 결심을 실현하게 하며 삶의 경계선을 헤쳐 나가게 한다. 미로 속 장애를 헤쳐 나가려면 정신적 의지가 필요함을 인식시켜 준다. 경험 없는 일이 두렵긴 했지만, 트레이너와 함께 운동에 접근하기 위해 200만 원 가까운 금액을 결제하고 말았으니, 감당하기 힘들면서도 그곳을 찾지 않으면 안 될 조건을 만든 셈이랄까.

초등학교 시절, 달리기 시합을 해도 6등을 벗어난 적이 없던 내가 체지방 분해와 근육을 강화시켜 콜레스테롤 수치를 다운시킬 수 있다는 것에 매혹을 당하다니….
당분간 열정을 다해 운동에 몰입할 수 있었다. 문제는 얼마가지 않아 링거까지 꼽아야 하는 상황으로 변했으니, 그 어떤 삶이 정답인지 모를 지경이다.
건강검진 과정에서 사랑니까지 빼야 된다는 의사의 진단, 운동을 하면서도 두 개의 사랑니를 뽑아 잇몸치료까지 시작했으나, 마취가 풀리지 않는 듯한 느낌이라 음식을 삼킬 때, 말을 할 때도 여간 불편한 게 아니었다.

몸을 개선시켜 나가는데 '그 정도의 불편함 쯤이야' 하며 '죽'으로 식사를 해결하기도 했지만, 바디스타에서 분해되는 땀을 생각하면 머릿속 잡티들이 썰물처럼 빠져 나오는 것 같아, 집으로 돌아올 때면 더 이상 필요한 것이 없을 만큼 포만감으로 가득 차곤 했다.
문제는, 고개를 쓰지 못할 입장에 이르러서야 한의원에서 침을 맞게 되었고, 온 몸이 쑤시며 반란이 일어나자 진통제로 통증을 다스리곤 했으니, 모든 이치는 미로迷路 속에서 허우적대는 세상임을 실감하게 한다.

운동! 거금투자라는 압박감으로 인해 게을리 할 수도 없고, 트레이너의 노력과 그 성실성 때문에, 아니면 꿈이 많은 젊은이에게 피해라도 주게 될까봐 그 어떤 사명감처럼 레슨 시간 어기는 것도 부담으로 다가와서 몸이 심하게 아픈 날도 그곳으로 향하곤 했으니, 도살장에 끌려가는 소처럼 끙끙 댈 때가 한두 번 있진 않겠는가. 그러나 체지방을 줄이고 근육을 강화 시킨다는 점, 60여 년 체내에 누적된 지방질과 노폐물을 배출하기 위해 운동할 수 있는 기회가 생生의 경계선상에 주어졌다는 것은 특혜가 아닐 수 없다.

그 어떤 퍼포먼스와 제스처가 바디스타에서의 성취감처럼 후련할까.
문제는, 의지력이 강해야 함을 매순간 느끼지 않을 수는 없었다.
예를 들어, 본의 아니게 고향을 떠났으나 그곳과 멀어져야 할 정도의 독한 마음. 친정은 딸괴는 상관없는 영역이라 치부하며 거리를 둔 채 살아가는 텅 빈 마음. 어느 날, 갑자기 어머니와 동생들이 타인처럼 분리된 상태라고 인정하며 삭막한 세상임을 감지해 보는 마음.

떠나기 싫을 정도로 정들었던 곳에서도 언젠가는 떠나야 한다는 미묘한 마음.

이처럼 모든 것이 환골탈태하는 마음으로 각오가 단단하지 않는다면 운동하는 그 시간은 견디기 힘든 무게감으로 다가오게 마련이다.
그곳에 가기 전엔 러닝머신이 운동의 전체인 줄 알았는데 레슨 종목에는 끼어들지도 않는 유산소 운동이 아니던가. 그러나 장시간 그 위에서 몰입한 채 달리다 보면 수만 가지 생각들이 땀과 함께 펄럭이며 목에 두른 수건 속으로 흡수되어가는 그 스릴을 누가 알랴.

뛰면 뛸수록 깃털처럼 가벼워지는 마음, 처음에는 현기증과 함께 하체가 후들거렸지만 차츰 제자리를 잡아가며 탄력이 생기는 듯 했고, 땀의 배출에 비례하여 마음과 영혼까지 맑아진 느낌이다.
주변의 모든 것들, 맷돌보다 무겁게 뒤통수를 짓눌렀던 온갖 것이 부지불식간에 희석되기 시작하며, 별천지를 유랑하는 것처럼 온 몸이 거뜬하다.
멈출 줄 모르던 거센 바람이 조용하기 시작하여 평정을 유지할 수가 있다. 생각의 찌꺼기를 고요하게 가라앉힐 수 있어 지중해처럼 마음 한 구석이 잔잔해지기도 했다.

운동은 정신적 휴식임엔 틀림없다.
그 휴식은 지친 영혼에 에너지를 주고 몸의 소리를 듣게 하여, 브레이크가 고장 나기 전에 정거장을 찾아 잠시 쉬어가야 함을 일깨워 준다. 그 휴식은 삶을 충만하게 안내해 주는 도우미로서, 곤고한 영혼과 육신에 파도 같은 원동력을 심어줄 때가 많다.

"여보게! 이쯤 돼서야 거금의 레슨비라 하더라도 아까워해서야 쓰것는가."

(2014)

Chapter 4

밤 비

반려견을 안고 다니는 사람들을 쉽게 이해하지 못했다.
길 떠난 아버지가 꿈속에서 '그들'의 매력을 제시한다 해도, 설득당하고 싶지 않았다. 그럼에도 어디론가 끌려가고 있었다니, 그것도 폭설이 아닌 장대비가 쏟아지는 겨울밤에….
자녀들의 정서에 도움이 된다면, 가족이 각자 방으로 들어가 함께할 기회가 줄어드는 상황을 막을 수만 있다면, 하는 마음으로 지하철을 탈 수밖에 없었다. 세상을 송두리째 얻은 듯 날고뛰는 그들을 바라보며….

찾아간 곳은 사당역 근처에 위치한 반려견 분양센터.
센터를 둘러보니 칸막이로 연출된 철창 속에 졸고 있거나 앉아있거나 뛰어놀며 '만남'에 대비하는 반려견이 종류 별로 있었다. 센터 사장보다 더욱 술렁대는 '그들'의 눈동자가, 운명의 기로와 직면해서 기쁨에 찬 듯, 불안에 쫓긴 듯, 두리번대기 시작했다. '그들'에 대해 상식이 전혀 없는 나로서는, 털이 빠지지 않는 '반려견'을 찾아야만 했다.

그 대상이 '토이 푸들'이라는 것도 그때 알 수 있었다. 고고함, 섹시함,

민첩함, 애교스러움에 유혹 당하지 말고, 교감이 형성되는 '눈빛', '자기색'을 가진 대상에게 마음이 뺏길 것은 당연했다.
자녀들도 '위대한 결단'에 감격한 나머지, 그 어떤 종류라도 감사해 하며 선택의 권한을 나에게 양보했다. 반려견에 대해서는 철통, 불통인 엄마를 유인하고 그곳까지, 그것도 비오는 밤 그 무엇에 홀린 듯 지하철을 타게 했으니, 감격해야 하는 것은 당연하다.

태어난 지 1개월된 갈색 토이 푸들,
그 푸들은 우리에게 안겨진 채 미지의 세계에 나가기 위해 지하철에 올랐다. 출발지가 사당역이라 좌석들이 비어 있어 쪼르르 달려가 앉을 수 있었다. 택시를 타면 나들이를 처음하는 푸들이 멀미를 할까 두려웠고, 택시기사도 부정적으로 생각할 것 같아 선택한 결정이다.
지하철에 타자마자 누가 먼저랄 것도 없이,
"강아지 이름을 뭐라고 부를까요?"
"비 오는 밤 분양 받았으니까 '밤비'가 어때?" 밤비 밤비…. 음미할수록 느낌이 오지 않니? "좋아요. 밤비 근사해요."

아파트 정문을 통과하는 순간,
운동까지 끝내고 퇴근하던 남편이 클랙슨을 성질껏 누르면서 무슨 일이 있느냐고 목소리를 높였다.
우리는 잠들어 있는 밤비를 내보이며 "강아지 분양받고 왔어요, 이름은 밤비…."
집에 들어온 남편은 "밤비가 뭐냐? 단비면 모를까…"라며 소파에 앉더니 리모컨을 찾았다.

"귀한 생명을 사 왔으면 이름을 밝게 지어줘야지, 울적모드 밤비가 뭐냐? 밤비는 아니다. 차라리 단비라 해라, 단비…." 하지만, 남편도 관심이 덜한 것인지, '밤비'라는 의미를 헤아렸는지, 더 이상 아무 말도 하지 않았다.

문제는, 한 달이 지나가자 미래가 막막했다. 밤비의 뒷바라지도 내 몫이었고, 청소와 위생관리, 중성화 수술부터 밤비를 관리하기 위한 부수적인 사건들이 막중한 스트레스로 다가왔다. 편치 못한 마음으로 15년 정도를 함께 살아야 된다니, 말이 안 될 말이었다.

어느 날, 두 자녀를 불러 애원하듯 타이르듯, 상황을 설명하며 하소연을 해보았다.

"형편이 여의치 않지만 마이너스 카드를 써서라도 최소한의 사료 값과 미안한 마음을 담아 500만 원 해줄 테니, 네가 갖고 인터넷에 내놓든지, 아니면 밤비를 귀하게 키워주겠다는 사람이 있으면 돈과 함께 그곳으로 보내든지 알아서 해라.(진심으로 소망했다)."

"그게 무슨 소리야, 엄마…. 말이라도 그런 소린 하지 마. 밤비는 돈으로 흥정하는 물건이 아니야. 가족이에요 가족"이라며 방으로 들어갔다.

해결책이 나지 않아 다시 고민하기 시작했다.

진퇴양난의 시점에서 마음을 바꿀 수밖에 도리가 없었다. 내 자신을 타이르며 받아들일 수밖에 없었다. 생명 있는 것끼리 운명이라 생각하며 동반자가 될 수밖에 없었다.

무엇이든 극에 달하면 가라앉기 마련이듯 마음 역시 환기되기 시작했다. 밤비의 눈빛을 생각하면, 그 우아함과 조용함, 초조함과 충성심, 사랑스러움을 생각하면 미안한 마음이 몰려왔다.

최상의 방법은 훈련을 잘 시켜 질서 있게 키울 것, 사람이 앉을 자리, 강아지가 앉을 자리를 분명히 구분 지을 것, 지출이 부담돼도 위생적, 문화적인 방법으로 정성을 다해 키울 것에 목표를 두기로 다짐했다. 지친 몸을 이끌고 퇴근한 자녀들에게 힐링이 되고, 애처로운 밤비를 도와줄 수 있게 된다면 감당해야 할 몫이라고 생각했다.

문제는 4남매를 둔 탓에,
주말이면 대부분 12명의 대가족이 둘러앉아 이런저런 메뉴로 거실에서 식사를 하곤 했는데, 밤비 분양 후엔 그 기회가 줄어드는 게 씁쓸했다. 같은 단지 아파트에는 몇 개월이 안 된 손녀까지 자라가고 있어, 상황이 난처했다.
밤비가 아니라면 딸집에 가지 않더라도, 아기를 데려다가 거실에서 댕그르르 구르면서 까르르르 할 텐데, 그 풍경에 걸림돌이 되는 것이 많이 적적했다.

무엇이든 만남은 그 후유증이 만만치 않은 것 같다.
특히 마음을 많이 빼앗겼을 때는 문제가 적지 않게 나타난다. 반려견 문제만 해도 그들이 졸랐지만 개인적으로 극복하며 살아가게 할 걸, 후회가 될 때가 많다. 끝까지 책임질 각오가 되어 있지 않으면 쉽게 다가갈

문제가 아니었다.
그런대로 4살 이상의 손자 손녀는 문제가 덜하지만,
사랑스런 박○○!
사랑스런 송밤비!

하루에도 갈등하는 마음, 미안한 마음이 봇물처럼 터져 나와 끙끙대고 있는데, 그들은 지금의 상황을 헤아려 주기나 할까.

(2018)

밀당 철학

'밀당'은 게임과 비슷하다.
삶의 과정 그 자체가 그와 다르지 않다. 밀당은 애정이 결여된 채 상대와 마주하는 것이 아니라, 보편적인 관계, 밀접한 관계에서 밀고 당기는 인간적인 게임이다. 서로 간의 감정이 고무줄 당기기를 하듯, 주고받는 관계에서 끊어지지 않기 위해 진행되는 게임이다.
이때 이루어지는 밀당은 긍정적인 측면과 부정적인 측면이 뒤섞인 채 두뇌싸움을 하게 된다. 삶 속에서 상대에게 베푸는 '당김'과 그 당김을 거둬들이는 '밀기'가 공존할 때 두 감정은 파장을 일으키며 줄다리기를 하게 된다. 당김만이 존재한다면 상대는 관심을 받는 것에만 중독, 이기적인 사람으로 변하게 된다.

상대에게 관심을 주었다면, 그 감정을 거둬들이는 밀기의 과정을 통해 상대가 그 상황에 대해 판단할 시간을 가지게 한다. 감정의 주고받음을 통해 상대의 마음을 알아차릴 수도 있고, 상대와의 감정의 거리를 측정하는 시간까지 가늠하는 계기가 되기 때문이다.
밀당은 긴장의 과정을 통해 서로의 실체를 짐작하게 하는 장치라고 할 수 있다. 누가 가르쳐 주지 않아도 원만하게 살아가기 위해서 시도하는 것이 밀당이다.
밀당을 할 때는 당김의 과정이 우선이다. 상대를 밀어내기만 하면 원만한 관계를 파괴할 수도 있다. 상대가 마음이 상해 그 자리를 박차고 일어설 정도가 되면 곤란하기 때문이다.
사람과의 관계는 당김을 우선으로 하며 상대의 존재가치를 존경해야 한다. 반대로 상대가 지나치게 다가올 때도 거리두기를 하는 것이 밀당의 속성이다.

하지만 밀당을 지나치게 즐기면 상대가 오해해서 떠나가므로, 감정의 강약을 적절하게 조율할 때 바람직한 관계를 유지하게 된다.
삶과 사랑은 밀당의 연속이다.
밀당 자체가 잔인한 것 같지만 방부제 역할을 하므로, 이것을 지혜롭게 운용하는 사람만이 실패하지 않는 삶을 살아간다. 상대와 관계가 좋다 해도 애정을 바탕으로 한 밀당은 나쁘지 않다. 그것은 부정적 측면에서 서로의 마음을 탐색하는 것이기도 하지만, 인간에게 내재되어 있는 기본적인 요소라서 인생의 맛과 스릴, 성숙의 단계까지 이르게 하기 때문이다.

적당히 떨어져 있는 나무가 질푸른 듯, 사람과의 관계도 거리두기가 필수적이다. 관계가 지나치게 느슨해지면 서로에 대한 신비감과 긴장감이 떨어진다. 점점 편한 만남일수록 점점 편한 만남이 되지 않기 위해 거리두기를 해야 한다.

서로의 모습에 익숙해지기보다, 늘 처음 만난 사람처럼 싱그러운 관계를 유지하기 위해서는 밀당의 철학이 설득력이 있다.
밀당을 지혜롭게 하는 것은 삶의 요령, 삶의 노하우다.
밀당이 없으면 그 편안함이 서로 간에 지켜야 될 예의까지 벗어나게 할 수 있어, 적당한 밀당은 삶의 기술, 사랑의 기술이다.
프로이드도 감정의 최고조의 작동 시기는 '웃을 듯 하면서도 웃지 않는 미소'라고 하였다.

서로의 관계는 과하게 밀어서 부서지게 되고 과하게 당겨서 파괴될 때가 있다.
모나리자 미소처럼 은근한 밀당은 삶에 있어 진정제 역할을 하며 권태감까지 씻어준다.
밀당을 벗어난 관계, 과거에는 한 사람을 오래 만나 그 과정에서 상처를 받았지만, 현대사회는 많은 사람들을 쉽게 만나서 쿨 하게 헤어지는 시대이다. 깊은 감정의 교류도 없이 서로의 존재를 적당히 인정하는 수준에서 거리두기를 하며 상처를 방지하는 세상이다.
상대의 삶에 대해 깊이 알려고도 하지 않고, 감정의 교류도 강하게 일어나지 않는 범위, 서로에게 매달려 상처를 경험할 일이 점점 멀어지는 것이 이 시대의 매력이다. 이런 현상은 밀당을 통해 감정을 관리하며 살아가는 현대인의 자기 보호, 삶을 맛깔나게 살아가는 지혜라고 할 수 있다.

요즘은 최적의 거리를 유지하는 세상이다. 연인 간에도 일심동체 환상은 찾아볼 수 없는 현실이다.
밀당을 하게 되면 인내하는 과정을 통해 뇌구조가 튼튼해지고 성숙된 정신을 지닐 수가 있다. 잔인한 것 같지만, 밀고 당기는 통과의례를 거치다 보면 많은 것을 배우며 깨닫게 된다.

물 항아리도 가득 차서 교류가 없게 되면 그 안에 담긴 물은 썩게 마련이다.
밀당의 중심이 되는 불확실성은 확실한 것보다 가슴속에 미묘하게 남아, 긍정적인 감정을 증폭시켜 주는 매개체로 나타난다.

(2018)

그 아침에 쓴, 퇴색

확,

뒤집어졌으면 좋겠소.

하늘이 땅이 되고 땅이 하늘이 되었으면 좋겠소. 온 지구가 끙끙대며 활활 타 들어갔으면 좋겠소. 의미로 남을 만한 것이 코딱지만큼도 없는 세상이라.

남과 다른 철학을 지닌 채,

그러나 힘이 없는 사람으로 태어나 세상 모순과 타협하다, 지신地神도 몰래 어느 산 절벽에서 몸을 던져버린 영혼. 삶과 죽음이 자연의 일부라고 중얼대며 삶의 유희장을 철수시킨 영혼.

그래 그려,

그 어느 날 의미 있게 떠났다가 환생해서 돌아오소. 그 어느 날 초조하게 떠났다가 색옷입고 돌아오소. 그 산을 오르내리며 자질구레한 생각에 쫓기다가 황량하게 몸을 날려 헉헉대던 영혼이지만.

흐흐,
산소 호흡기도 필요 없을 만큼 천근 몸뚱어리 천리나 내던지고, 저승길 흙색 차에 실려 너울너울 그 마을로 되돌아온 영혼.

웅성웅성,
웅성웅성,
이 궐闕 저 궐에서는 이 장葬이니 저 장이니 괴성이 들썩 추지만.
속절없소 속절없소
명줄을 끊어놓고 조일 목이 없다더냐.

그로 인해,
눈가가 포송포송 하지 않소. 어미 아비가 이승에서 발을 떼지 않았는데도 두 눈가가 젖어 있소. 그 영혼을 끌어안지 않았는데도 비가 내리고 있소 폭우가 쏟아지고 있소.

그래 그려,
미련 없이 떠나가소 의미 없는 세상. 훌훌 털고 떠나가소 의미 있는 세상.
님의 외침대로 조그만 비석 하나 남겨 놓을 테니, 더 이상 흑막의 노름판에 판돈이 되지 마소.

아아,
세상의 움직임은 느낌으로만 느끼는 것 무슨 설명이 필요하랴.

그러니 영혼아 죽어도 살아있는 영혼아. 차라리 그 바위와 소곤대며 천상으로 날아가소. 뒤도 돌아보지 말고 훨훨 날아가소.
기억하겠소 내가 님을 잊을 때까지.
기억하겠소 내가 나를 잊을 때까지.

아아,
도돌이표 같은 그곳, 굴레 구린내가 진동한다. 습관화된 캔버스에선 환멸의 냄새가 쿰쿰난다. 그러니 조용히 가소 할 말이 많겠지만…. 뒤를 돌아보지 말고 가소 장대비가 내리지만….

오로지
천둥과 벼락, NoNo
별빛과 달빛이 님의 희비喜悲 더듬으리니.
별빛과 달빛이 님의 희비喜悲 더듬으리니.

(2009)

새벽열차

전화벨이 울리더니 웬 남자가 헉헉 울었다. 가족 중 그 누구도 깨어있지 않은 새벽인데도.
“이른 새벽 죄송합니다. 집사람이 몇 시간 전에 돌아 올 수 없는 열차를 타고 먼 곳으로 떠났습니다.”
“아니, 그게 무슨 말씀입니까? 열차라니….”

나도 그 남자와 다르지 않게 가슴을 쓸어내렸다. 도마뱀 몸뚱이가 두 동강이로 갈라지는 순간의 애통함과 서늘함이 그려려나.

화장터 입구에 정면으로 보이는 중천中天을 향해 날아가는 새, 그 새는 누가 보아도 순수의 극치이며 도발을 뛰어넘은 죽음에 대한 긍정이다. 그 영혼이 깊은 겨울처럼 쓸쓸했지만 오히려 예술적이라 초월에 가까웠다. 세상의 때와 고통의 순간에서 분리되어 너저분한 인연들과 결별하며 중천을 향해 날아가는 몸짓은, 텅 빈 듯하면서도 숙연한 느낌이다.
어디로 날아가는 것일까 정녕. 누구도 알지 못하는 하데스의 끝자락은 어디쯤일까. 생生을 흡입하는 사死의 세계는 어떤 힘을 지닌 블랙홀이기에, 정든 사람의 삶을 잔인하게 흡입하는 것일까.

애초부터.
잔혹한 탄생이었을까.
잔혹한 일생이었을까.
잔혹한 결별이었을까.

아니라면,

축복 받은 탄생이려나.
생기 넘친 일생이려나.
미련 없는 결별이려나.

어쨌든
생生은 빛과 그림자의 게임장.
희비喜悲로 엉켜진 것이 '삶'이라는 괴물이지. 그 여인도 다를 바 없이 괴물의 포로에서 벗어날 수 없었겠지.
삶이라는 것 자체가, 아니 그 여인의 삶이 결코 리모델링할 수 없는 고통의 구덩이였나. 그야 모르지 내가 그가 아니므로.

어쨌든,
붉은 목련보다는 하얀 목련에 비유하는 것이 그 여인을 원색에 가깝게 형상화하는 것이겠지. 호호탕탕 웃어대던 그녀에겐 혼자서는 감당 못할 고통의 순간이 많아 세상 줄을 놓아버렸지만.
이제 그 영혼
종착지가 어딘지도 모를 그곳에서 양지가 되었을까, 음지가 되었을까.
아마 그 성품과 생전의 삶을 감안해 볼 때, 달빛이 되고 별빛이 되었으리.

"누구세요?"
초인종 소리에 놀란 그 여인은 설거지를 멈추고 손에 물기도 닦지 않은 채 현관문을 열 수밖에 없었지.
순간, 두 명의 낯선 남자가 마스크를 뒤집어쓰고
"잠깐 같이 가야 되겠는데요."
라며 테이프와 마스크를 들이댄 뒤, 정체 모를 자동차에 태워 어디론가 사라진 사건.
드라마나 영화에서 있을 법한 사건이 평범하게 살아가던 가정집에서 일어나다니.

그 여인이 그 여인도 모르는 채 끌려간 곳은 뜻밖에도 낯선 정신병원, 며칠 동안 그곳에 갇힌 여인은 말을 잃었지만, 역시 오랜 시간 그 사건을 토해내지 않은 채 가슴 깊은 곳에 품고 살다가 먼 곳으로 갔지.
그러나 위기감을 느꼈는지, 참으로 꿈인 듯 생시인 듯 무심코 지나가는 바람처럼 멍든 가슴을 열어 보였지. 정신병원으로 감금시킨 납치범의 배후가 다른 사람이 아닌 '남편'이었음을 고백하는 순간, 정녕 '부부'라는 미묘한 단어와 매정한 세상이 여간 쓸쓸하지 않았지.

정말 상대가 정신적 병이 들어 통제가 가능치 않고 감당 못할 정도라면 긍정적 관점에서 상대방을 효과적으로 치료하기 위해 그런 과정을 밟을 수도 있겠지만, 어쩌면 부부 사이의 그 어떤 이물질 개입(?), 아니면 둘만의 삼정대립, 아니면 예측 가능한 어긋남으로 인해, 침내에서 같은 이불을 덮고 사는 사람끼리 그렇게 매몰찬 행위를 하는 것은 참으로 잔인하다.

문제는
그때 그 시절 천지를 둘러보고 느껴 봐도, 지금 이 순간 곰곰이 생각해 봐도,
그들 부부는 어느 가정보다 건강한 부부임이 분명했다. 상상을 초월할 정도로 여인을 아끼던 남자가 아니던가.

열 길 물속은 알아도 한 길 사람 마음은 모른다는 속담에 가담이나 하듯, 그동안 그들은 '윈도우 커플'로서 세상을 활보하며 삶을 농락했단 말인가.
차라리 아무 말도 하고 싶지 않았다.
유황불도 타고 난 뒤에는 초연하게 잿빛 재만 남기는 법, 그들 부부의 줄다리기가 그들만의 아궁이 속에서 처절하게 타들어 갔겠지만, 타고 난 뒤에야 그 무슨 설득력이 합당하랴.

그때부터 '남자'라는 위인에게 의존하는 것이 조금은 가증스러웠졌다. 그들 부부의 놀이판을 보면서 '게딱지' 같은 멍석 위에서 춤을 추고 싶지

않았다. 높새바람이 불어 양 볼을 시뻘겋게 할퀴지만 않는다면, '삶은 그런 것'이라며 '그냥저냥저냥그냥' 빈둥대며 미소만 짓고 싶었다.

오늘따라
쿰쿰한 청국장처럼 그때 그 냄새가 진동하는 것은 무엇 때문일까.
그 여인에 대한 사무침 때문일까. 그 남자에 대한 야속함 때문일까. 아니면 삶에 대한 염증 때문일까.

그래서 그런지
곁에 잠든 남편을 바라보면서도 복잡 미묘한 그 영혼까지 파고들어가고 싶진 않다. 육 겹 주름에 송송 맺힌 땀방울을 훔쳐 주면서도, 보약을 지어 전자레인지에 데워 주면서도 그저 그래 삶과 투쟁하는 그 노고에 감사할 뿐, 나는 나도 모르는 새 내 안에 텅 빈 마음이 웅크리고 있는 것을 발견한다.

저울대 위에 서로를 향한 마음의 무게를 매달아 놓기 때문일까.
서로가 행여, 미래에 치매가 와서 세상을 헤매는 상황이 되거나 병원에 입원하는 경우가 오더라도, 혼연일체가 되지 못하고 심드렁한 채 본인의 건강만을 챙기기 위해 운전대를 잡고 어디론가 휘달릴 것을 상상하니, 부부관계에도 '거리 두기'가 필요한 것 같다.

요즘, 무릎에 소리가 나서 밤에 서로 걷기운동을 하면서도 대책 없이 들이닥치는 생각이니 허허롭다. 세상에 펼쳐지는 '부부 풍경'을 응시해 볼 때 인연놀이도 부질없는 게임에 불과하다는 생각. 모든 실체가 있는 그대로 거울에 드러나듯, 팔색조의 세상풍경을 응시할 때 그 안에서 우리의 미래를 예측할 수 있어서다.

(2016)

기상천외奇想天外

그냥 그 자체로 감사하기로 하자.

누구든지 상황에 따라, 그림이라도 그리고 글이라도 쓰며 자기표현을 한다면 비틀대더라도 '삶'이라는 괴물을 지켜갈 수가 있다.
사람의 감정은 끝 간 데 없을 만큼 깊고 오묘하여, 삶 자체가 정립되지 않을 때는 정신도 경계선을 분간하지 못해 중심을 잃어가게 된다. 문제는 두려움 속에서의 삶, 안개 속에 자기 성城을 쌓아놓고 스스로 그 성에 함몰된 채 누구도 근접하지 못하게 하는 경우이다.
카프카의 『변신』처럼 작가가 주인공을 갑충으로 설정해 처해 있는 환경에서 탈출을 시도한 '자유 추구'와는 다르게, 존재가 존재인 줄도 모르고 떠밀려 가는 삶에 영육靈肉이 침몰 당했을 때는 가슴에 하얀 눈이 내릴 수밖에 없다.

나의 주변에도 보편적인 모습과는 비교적 다른 모습으로 생生을 마무리한 분이 계시다. 근거리에서 안타까운 마음과 측은한 마음으로 바라보던 분이지만, 시간이 지남에 따라 그런 감정은 무뎌지기 시작했고, 오히려 그분을 만나게 되면 감정이 어둠 속으로 침몰당할까 두려웠고, 현실적인 삶에 걸림돌이 될까 봐 비켜가곤 했으니 그분이 세상을 떠났다는 전갈을 받은 순간, 한 조각 마음색은 회색빛 노예가 될 수밖에 없었다.
그분이 생존했을 때 간혹 생활을 들여다보게 되면, 가슴을 꿰매야 할 정도로 불완전한 환경이지만, 나는 애써 외면하며 의식적으로 벗어나려고 노력했다.

그런 나였기에
그 분의 영전에서 파르르하게 떨림으로 다가 왔던 가느다란 통증은 위선임에 틀림없었다. 혹에 불과했던 78세라는 생애, 그분이 그 혹을 연소시키며 삶을 마무리했다는 소식은 나의 마음 한구석에 먹구름이 되어 흙비로 내릴 수밖에 없었다. 나 이제 그분이 말없이 떠난 것처럼 말 같지 않은 말을 늘어놓진 않겠지만, 이 새벽 고인의 생生을 헤아리게 되었으니, 그 형상은 나의 삶 속에 엉거주춤 서성이고 있었음도 분명했다.

내 아버지의 부모님이 잉태해 준 그 생명, 그 대가로 어쩔 수 없이 풍진 세상을 견뎌 온 고인의 삶, 삶이 단순해 밋밋한 것 같으면서도 콜콜한 사연이 숨어있던 흔적, 아니 그보다 불투명한 의식으로 세상을 군림하던 그 삶이 '비로소 이제 진퇴양난의 삶에서 벗어나게 되었구나' 하며 생각들을 주워 모으게 되자, 독한 에스프레소 향기까지 도망치는 순간이다. 쓸쓸한 죽음으로 인해 파생되던 그 감정은 시간이 지나가자 감각 없는 상태가 되었지만, 분명한 것은 시공이 초월된 채 배시시 웃고 있는 그 초라한 행색이 내 정신을 뱅뱅 돌아다니며 하얀 꽃으로 피어나고 있다.

세인의 눈엔 악의 꽃으로 비쳐졌을지도 모를 형상이, 내가 보기에는 세상 누구보다 더렵혀지지 않은 영혼으로 떠오르고 있다.
버거운 세상에서 탈출하지 못해 무쇠 같은 삶을 견뎌냈지만, 운명하는 순간엔 당당하게 때 묻지 않은 수의로 갈아 입혀지고, 한 생명으로서 정당한 대우를 받으며 병원에서 우아하게 임종을 맞이했다니 그 얼마나 감사한 일인가.

나는 그분의 죽음을 통해 인간은 결국 그 앞에서만 평등하다는 것을 실감하게 되었다. 종교적 측면에서의 죽음의 빛깔은 여러 형태가 있겠지만, 보편적 죽음, 세속적 죽음 앞에서는 그 어떤 생명이든 '죽음' 이상의 것은 존재하지 않으므로, 한계 지워진 삶 안에서 우리는 너나없이 '도토리 키 재기'라는 생각을 떨쳐 버릴 수가 없다.
문제는 그분의 유골이 고향에 안치되는 것이 아니라, 비행기를 타고 형님을 따라 와 서울 하늘 아래 함께 있다 하니, 한편으론 상식을 초월한 기상천외한 일이기에 가슴이 뛸 수밖에 없다.

목회자로 한 생生을 살아온 팔순의 형님으로서는 고향에 다른 형제들이 있지만 그곳으로 직접 내려가 혈혈단신으로 살아 온 동생의 장례식을 주관하며, "사랑하는 동생아, 죽음에 이르러서야 한 줌의 재가 되어 나와 동거할 수 있겠구나" 하며 일체가 되었음을 선언했으니. 근교에 본인과 함께할 좋은 장지葬地가 마련될 때까지 그 영혼을 위해 기도하는 것이 동생을 향한 사랑임을 선포했으니.
그래서 그런지

고인의 영혼은 감격적이고 초월적이고 순수한 기운이 감도는 것 같긴 하다. 형체 없는 모습으로라도 형님의 서재에서 함께 지내고 있을지도 모를, 그로 인해 고인은 그 자체가 잃어버린 삶을 보상받는 과정이라 생각하며 감사해 하고 있을지도 모르리라.

형님의 애정표현은 난삽한 세상을 회초리 아닌 것으로 후려치는 경지라서 정情의 실체를 새김질하는 기회가 되긴 한다. 삶 같지 않은 삶을 산 고인의 최후가 무릉도원인 고향에 안치되진 못했지만, 삭막한 세상에서 고인처럼 숭고한 사랑과 마주하는 순간이 흔하겠는가.
험한 삶을 살다 생을 마감한 동생의 영혼을 수수하게 맞이해 함께 하고 있으니, 더 이상 무슨 말이 필요하겠는가. 겹겹으로 가려진 것이 인간의 마음이라 해도 그 마음을 진단하고 분석해서 무엇 하겠는가.

그냥 그 자체로 감사하자.
조건 없는 삶이 드문 세상에서 형님 같은 분이 계시니 아직은 살만한 세상이다.
젖먹이 아기처럼 미소 지으며 따라가는 고인의 영혼을 보라.
젖먹이 아들을 품어 안은 어머니처럼 위선이라곤 찾아볼 수 없는 형님의 온화한 풍경을 보라.

그 행렬은 고인에겐 행운이다.
수학공식을 기억해 내며 생각에 골몰하는 사람도 없지 않은 세상에서 동생과 함께하기 위해 일체一體감을 느끼고 있는 형님이 있어 다행이다.

설령 그 마음에 진실이 결여되어 있더라도, 세상은 외로운 영혼이 아우성치는 광장이 아니던가. 곰곰이 생각해 보라. 당신에겐 그만한 보호자나 친구가 존재하고 있는지. 지옥과 연옥煉獄의 세계에서도 함께 할 수 있는 존재가 당신 곁에 정녕 서성이고 있는지, 오늘밤 잠자리를 뒤척이며 헤아려 보라.

그냥 그 자체로 감사하기로 하자.
그냥 그 자체로 감사하기로 하자.

늘 고인을 위해 근처에서 보호자로 서 있던 분이 계시긴 하지만….

(2016)

인연, 그 강과 강의 틈새

쉬지 않고 오가는 감정을 담담하게 바라보는 내 안의 존재가 마음 안에 앉아 있다. 그래서 그런지 조금은 낯익은 남자 곁으로 다가갔다.

"저 혹시 아시겠어요? ○○○씨 사촌동생입니다."
"그럼 알구 말구, ○○○씨의 얘기는 바람결에 듣고 있구…. 어머니를 비롯해 가족들 모두 편안하시구?"
"그러믄요."
나는 잠깐의 침묵 속에 황당해 하다가 음료수 한 잔을 따라 드린 뒤 제자리로 돌아와 앉았다. 나는 그 모임에 그 남자가 참석한다는 소문을 듣고 의도적으로 용기를 내서 참석한 셈이었다. 시간이 많이 흘렀지만, 그 남자의 모습을 객관적으로 응시하고 싶었다.

"그 당시 그 사람이 결혼한다는 소식을 듣고 성급하게 고향으로 내려갔지. 그 대상은 내가 잘 아는 대학 후배더군.
그 날이 마침 그 사람 결혼식 이튿날이었지. 나는 마을 삼거리 팽나무 뒤에 몸을 숨긴 채 한복을 입고 처갓집으로 첫인사를 가는 신혼부부를 발견했어. 그것을 본 순간 나도 모르는 새 팽나무 뒤로 몸을 숨기고 있었어. 이튿날 많은 생각만 안고 서울로 올라왔지."

전화벨이 거세게 울렸다. 젊은 여자의 음성이 아닌가.
"저 KOK라고 하는데요. 혹시 ○○○씨 사촌동생 되시죠? 혹시 ○○○씨 전화번호 알고 계세요? 오빠가 며칠 전 갑자기 돌아가셨어요. 제가 그분을 만나 뵙고 싶어서요. 오빠가 임종 직전 가족들이 있는 자리에서 그분의 얘기를 하며 괴로워하더라고요…."
그 말을 듣는 순간 '음음 한 가닥 양심은 남아 있었구나' 하고 가슴이 뛰기 시작했다. 그러나 나는 언니의 거주지를 알려주고 싶지 않았다.

나는 사촌언니를 만나 뵐 수 있었다. 언니가 내 손을 꼭 잡으며 야릇한 얘기를 꺼내기 시작했다.
"얼마 전 공항으로 가려고 버스를 탔는데 웬 남자가 고함치는 소리에 정신이 들어 주변을 둘러보니 엉뚱한 곳이더라."
"아주머니, 빨리 내리세요. 여긴 종점이에요. 종점."
"네? 종점? 공항으로 가야 하는데 웬 종점이지…. 근데, 옆에 앉아있던 둘째 녀석은 어디로 갔지? 라고 당황해 하자, 그 기사가 버스에서 내리더니 택시를 잡아 주더라."

당연히 내려야 될 정거장에서 그 아들은 그 어머니가 자신의 뒤를 따라 내리리라고 생각하며 버스에서 먼저 내리고 말았다. 하지만 어머니가 내리지 않은 채 버스는 출발하기 시작했다. 아들은 차창을 두드리며 '어머니, 어머니' 불렀지만, 어머니는 눈도 마주치지 않은 채 먼 곳만 바라보고 있었다.

할 수 없이 아들은 공항에 도착하여 어머니를 오랜 시간 기다려도 나타나지 않자 근교에 사는 친시에세 전화를 하였다. 친지들은 '이머니가 사라졌다'는 전갈을 듣고 공항으로 달려갔다.

근데 몇 시간 후, 어머니는 택시를 타고 유유자적한 모습으로 나타나 "너희들은 왜 여기에 왔니?"라며 생뚱맞게 되물었다.

"어디 갔다 오세요 어머니, 나는 어머니가 뒤따라 내리는 줄 알구…. 그리고 공항에서 얼마나 기다렸다구요…."

"나는 네가 내리는 줄도 모르고 '생각' 속에 취해 있었나 봐. 그 세계가 얼마나 근사하고 아름다운지 내가 사랑했던 고향 마을처럼…. 마치 무릉도원 같았어. 근사한 시골 풍경에 술렁거리는 팽이나무 잎사귀들, 밀짚모자를 둘러쓰고 밭에서 김을 매는 여인네들, 밭갈이 하며 땀을 닦아내는 남정네들, 물안경과 물 적삼을 몸에 두르고 훠이 훠이~ 바다 속을 종횡하는 해녀海女들….

그리고 그 사람과의 투명한 추억들, 그러나 그 추억이 남기고 간 아픔들이 쓰나미처럼 몰려들며 나를 꼼짝 못하게 만들더라. 근데 어디선가 '아주머니 내리세요, 내리세요' 하는 소리가 들리지 않겠니. 참으로 별스런 일을 경험했지 뭐냐"라고 말하는 게 아닌가.

"언니, 아직도 그 사람 생각하는구나."

"글쎄. 네가 알다시피 생각하지 않는다면 거짓이지. 서울에 있으면 자동적으로 그쪽으로 마음이 쓰이는 걸. 네가 글을 쓴다는 소식을 들었을 때 이상하게 마음이 푸근하더라. 언젠가는 나의 그 옛날을 기억해낼 것 같아서….”

하지만 나는 그 남자가 이 세상에 존재하지 않는다는 얘기를 하지 않았다.

중학교 1학년 때로 기억된다.

사촌언니 집은 우리 집에서 멀지 않은 곳에 있었다. 언니와 나는 나이 차이가 있었지만 뒹굴고 껴안으며 친자매처럼 지냈다. 그러던 언니가 24세 때 서울에서 대학 2학년에 재학 중인 풍채 좋은 동네 청년과 약혼을 했다. 방학 때가 되어 그 청년이 고향으로 내려오면 집에서는 씨암탉을 잡기에 바빴고, 나는 이것저것 언니의 심부름을 해드리기에 바빴다. 언니는 그 후부터 그 청년의 생활비를 언니의 손에 의해서, 언니의 노력에 의해 송금되기 시작했다.

대학을 졸업하면 금방 결혼하기로 했지만, 언니가 29살이 되어도 결혼식은 연장이 될 뿐 진행되지 않았다. 해마다 연장하다 보니 4번의 결혼 예정 날짜가 지나갔다. 소문에 의하면 그 청년이 서울에 있는 하숙집 딸과 가까이 지낸다는 소문이 바람을 타고 떠돌았다.

어느 날 언니는 우리 집에 와서 스님이 되겠다고 훌쩍이기 시작했다. 친지들은 일이 났다 싶어 고민을 한 뒤 억지로 다른 남자와 30일 만에 중매결혼을 시키기에 이르렀다. 그 쪽 남자도 초췌한 모습으로 보아 남모른 사연이 있는 것 같았다.

그 시기가 그 청년과 약속한—4번째로 연장된 결혼식 예정일 한 달 후였다.
서울로 간 청년과 결혼하려고 준비되었던 일체의 적지 않은 혼숫감—한 땀 한 땀 수繡 놓아진 베갯잇이며 이불깃, 방석커버, 커튼, 책상보를 주섬주섬 싸들고 이름도 몰랐던 이웃마을 남자와 결혼식을 올렸다. 결혼식 날을 위해 정성껏 준비하려던 몇 마리의 돼지까지도 예상밖의 결혼식에 쓰여지고 말았다.

인연의 덫은 참으로 잔인하다.
아름다운 인연도 없지 않지만 그와는 거리가 먼 인연이 더 많은 세상이다. 우리들은 누구든지 그러한 시간 속의 소용돌이가 될 뿐 묵묵하게 그 물살에 몰아치며 헤엄쳐가는 주인공들일 수도 있다.
근데 얼마 전 공무원으로 정년을 한 언니의 남편이 위급하다는 소식을 듣고 병원으로 달려갔다. 그 형부도 인연의 덫에서 고통스러워했는지 깊은 침묵만이 마지막 삶을 장식할 뿐이었다.
능력 있게 태어난 자식들마저 부모님의 세계를 감지하지 못했다.
눈물을 훔쳐내는 언니의 뒷모습도 아무 말이 없었고 영안실도 엄숙하리만큼 조용할 뿐이었다.

'나'라는 존재만이 현상을 뛰어 넘어, 응시와 함께 숱한 상상 속에 푹 빠져 있었다.

(2015)

Try To Remember

생生을 떠난 육신이 영혼의 탈을 쓰고 거듭나고 있답니다

빈곤한 영혼이라도 파닥이는 연어가 되어 지느러미에 힘을 싣고 있답니다 너울거리는 해초가 되어 해저海底 속을 날아다니며 모든 것을 응시하고 있답니다 철석거리는 파도가 되어 온 세상의 새벽잠을 깨우고 있답니다
이성을 찾으라고요? 모르지 않습니다 차라리 바람이 되어 파도를 달래가며 질척이는 내 영혼을 다스리겠습니다 육신이 부서져 물속에 숨어있는 질펵한 영혼을 달래겠습니다

그대들로 인해
내가 쉴 곳은 이곳이지 그곳이 아니니까요

그러나
어디에서 헤매든지 정신을 가다듬고 심장을 만져보면 이곳은 흙빛 같은 동굴이 분명합니다 영혼의 사지가 벌벌 떨리지만 어쩔 수 없이 무력의

힘에 의해 공포 속으로 빠져들며 지옥 같은 나락으로 빠져들 때가 많으니까요

왜 그랬냐고요?
당신들의 무책임과 아둔함 때문이죠 이기적이고 공허에 발을 담근 멜랑콜리 때문이죠 대책 없이 껌을 씹던 당신네들 때문이죠 그러나 자책은 하지 마십시오 나도 지금 해저海底 속에 너울거리며 혼돈의 세계에 발을 디딘 채 알지 못할 세계를 향해 걸어가고 있으니까요

어느 곳을 살펴봐도 사방은 캄캄해 절망의 늪이 끝이 없습니다 결국 나를 집어삼킨 물살에 대책 없이 항복하고 말았으니까요 흑색 길이 저승처럼 깔려있어 암흑의 세계가 끝나지 않아 지상에서 울부짖는 나의 어머니—바람 속에 엉켜진 아버지 괴성소리가 파도 위를 날아다니지만 침을 꿀꺽 삼킬 수밖에 도리가 없답니다 그것은 그대들이 나의 영혼을 위해 위로의 불을 지피는 반면, 루머에 시달리고 추억에 사로잡힌 내 부모형제가 이불을 뒤집어 쓴 채 땅을 치기 때문이죠

어쩌겠어요
햇살이 먹구름을 덮치듯 협곡을 헤매는 영혼을 위해 기도해 주십시오 두려움에서 벗어나 단잠을 자게 해 달라고 간구해 주십시오 그깟 육신이 무슨 소용이 있겠습니까 그러니 축축한 영혼들이 영원을 향해 천상을 향해 꿋꿋하게 행진하라고 위로해 주십시오 붉은 상어가 내 앞을 가로막고 검은 고래가 머리통을 후려쳐도 별빛이 춤을 추는 그곳—아름다운

환영幻影이 펼쳐진 그곳을 향해 달음질 칠 수 있도록 기도해 주십시오 연옥煉獄의 세계에서 가냘픈 영혼이 헤매지 않도록 간구해 주십시오 천지가 창조되고 모든 생명이 쏟아진 그때 그날처럼 내 축축한 영혼—천상으로 돌아가 '아아 이제 살았다'라며 환호성을 지를 수 있도록 통곡해 주십시오

그렇게 하신다면
욕정과 무절제, 폭력과 권력, 물욕과 음모가 가득한 그 세계보다는 내가 걸어가는 이곳이 훨씬 가치가 있지 않겠습니까 그때 비로소 비에 젖은 내 영혼도 혼돈 속에서 벗어나 아름다운 미명美名의 세계에 조용히 안착할 수 있을 테니까요

아쉽긴 합니다
그때 그 순간 탈출을 시도하지 못한 채 우리들은 서로의 목덜미와 발꿈치를 잡아당기며 아우성을 쳤지만 세상을 보진 못했잖아요 그러니 제발 불멸의 천상天上—장엄한 빛이 휘도는 그곳으로 인도해 주신다면, 더 이상 그대들을 향해 안부도 묻지 않고 수 만 개의 추억만을 가슴속에 주섬주섬 간직하겠습니다
사람 같지 않은 사람들이 우글거리는 그 지상地上이 내가 처해있는 이곳보다 더 독한 곳이라 생각하며 환영幻影의 세계—천상의 세계에 조용히 영혼 한 조각 맡기겠습니다 어쩌다 내 어머니 내 아버지 환영이 몹시 그리워질 때면, 바람 속의 혼魂이 되어 타오르는 연기가 되어 유영游泳하는 구름이 되어 세상 나들이를 하겠습니다

그러나 정녕
팔색八色 괴물들이 웅성거리는 그곳—당신들이 서 있는 그 자리엔 정녕
미련을 두지 않겠습니다 정녕.

(2014)

쿼바디스

영화를 관람하고 싶을 때가 있다.
여건이 허락하지 않지만 담담한 마음으로 극장으로 가는 것이 습관처럼 되어 있다. 오늘은 토요일이라 그 사람은 새벽부터 골프 부킹이 되어 있어 필드로 달려갔고, 나는 근처에 사는 딸이 장기출장 중이라 아기를 돌봐 줘야 함에도 사위에게 맡기고 영화관으로 달려갔다. 주말인데 아기를 같이 보지 않고 필드로 달려 나간 그 사람 때문에 눈물까지 흘리던 상황을 다른 딸이 훔쳐보았는지, "엄마! 극장에 영화 한 편 예약해 놓았어요. 기분전환하고 오세요"라고 하지 않겠는가.

쿼바디스!
이 영화는 요즘 사회적으로 혼란을 초래하는 한국교회를 다큐 형식으로 제작한 작품이다. 개봉과 함께 화제작이 되고 있어 빈 좌석이 없을 정도로 관람객이 숨을 죽이고 있었다. 그곳에는 기독교인도 많았지만 대기실에서 주변인의 얘기를 들어보니, 예상과는 다르게 비종교인 관람이 강세를 이루고 있어 이런 저런 생각들이 떠나가지 않았다.

등골이 서늘하게 등장하는 첫 화면!

"그리스도의 몸된 교회는 로마로 가서 제도가 되었고, 유럽으로 가서 문화가 되었고, 미국으로 가서 기업이 되었으나 한국으로 와서는 대기업이 되었다"는 미국에 계신 어느 목사님의 인터뷰를 시작으로 영화에 온전히 몰입하게 했다. 한국교회에서 일어나는 여러 가지 문제가 우리 사회에 미치는 영향이 만만치 않음을 알 수 있었다. 영화를 통해서만 아니라 교회문제는 기사를 통해서도 많은 사람들이 감지하고 있었다. 대형교회 목사들의 불법 횡령과 세습, 성도들과의 성추행 문제, 적지 않은 전별금, 과도한 교회건축으로 인해 경매로 나오는 교회들을 볼 때, 유일신唯一神에 가까운 역할을 하시는 목사님은 결국 문제를 드러냄으로써 한국교회 실상을 추락시키고 있었다. 대형교회는, 예수님은 존재가 미약한 가운데 있고 기업의 이사장만 존재하는 현실임을 입증해 주었다.

어쨌든 영화를 본 후부터 동네에 초라하게 서있는 슈퍼마켓 같은 교회들이 진실해 보이기 시작했다. 많은 신학자들이 신학교를 졸업하게 되면 개척교회라는 이름으로 자영업에 뛰어들고 있다. 57년 전 그들과 다를 바 없던 OOO 목사님도, 그 세력이 점차 커지자 불법횡령과 세습까지 감행하며 사회적으로 물의를 빚긴 했다. 하지만, 모든 교회가 지탄받는 것은 아니다. '사랑의 교회'를 설립한 '옥한흠' 목사님 같은 성직자도 한국 교회에는 얼마든지 많이 계시다. 옥한흠 목사님은 탐욕을 극복하고 세상의 어두운 곳과 상처받은 영혼을 위해 빛과 소금으로 살려고 애를 쓴 성직자다.

그럼에도, 한국교회 몇몇 목사님은 탐욕의 노예에서 벗어날 수가 없을 만큼 혼란의 상태에 서 있었다. 지금은 아니지만, 용산에 위치한 어느 교회 OOO 목사님의 성추행에 관한 화면에서는 더욱 놀라지 않을 수 없었다. 청바지에 콤비를 받쳐 입은 그 모습은 여느 목사님과는 달리 분위기가 신선해 보였지만, 늪지대인 정신세계는 백년 묵은 사탄으로 가득 차 있어 성도들을 목양실까지 초대하여 상상을 초월한 행동까지 감행하고 말았으니, 한 마음 안에 선과 악으로 점철된 두 마음이 요동치고 있었다. 뮤지컬 「지킬 앤 하이드Jekyll & Hyde」까지 연상하게 해서 인간의 한계점에 비통하지 않을 수가 없었다.

요즘은 담임목사님이 되려면 '세습'에 의해서만 가능하다는 소문이 분분하다. 부목사님은 말할 것도 없이 비정규직으로 규정되는 세상이고, 그 선상에 끼지 못한 목사님은 살아가기 위해 자영업 현장인 개척교회에서 신도 모으기에 힘을 쏟는 실정이다. 그렇다면 거리마다 득실대는 곤고한 영혼들은 어디로 가서 회개하고 누구에게 위안을 받으며 살아가야 할지 혼란을 초래했다.

관객들은 한국교회가 이 정도로 추악하고 부패한 줄은 몰랐다며 혀를 차기 시작했다. 교회 측에서는 그런 반응을 우려해서 영화 개봉에 앞서 반발이 적지 않았다. 영화를 상영하려는 멀티플렉스 상영관에 조직적으로 공문을 보내 '쿼바디스' 영상을 중단하라고 압력을 가하는가 하면 동참을 요구하기도 했다.

3천 억 원이 넘게 투자된 서울시 서초동에 위치한 OOO 교회—화면에서 볼 수 있는 여러 가지 자료와 인터뷰를 통해서도 대형교회는 재력과 권력, 상상을 초월한 문제점으로 점철되고 있어 어느 정도 대책이 필요했다.

문제를 일으키는 계층은 대형교회 목사님이 대부분으로 드러났다. 과거에도 교회는 권력을 유지하기 위해 일제에 타협하며 부패성을 보이긴 했다. 대한예수교장로회도 일제강점기 때 일본에 비행기를 헌납하기도 했고, 신사참배를 받아들임으로써 종교인의 양심까지 져버리기도 하였다. 어느 시대에나 인간은 고매한 성직자로 거듭날 수 없어 상황에 따라 양심과 신앙심이 결핍될 때가 많았고, 기득권을 유지하기 위해 탐욕이 우선되었음을 알 수 있었다.
이런 상황 속에서도 대형교회를 세우기 위해 자금을 모으는 현실임을 실감하게 했다. 그것도 상위층이 살고 있는 지역에 교회건축을 웅장하게 한 후 중산층 이상의 신도들을 끌어 들여 채무를 감당하게 한다니, 갈수록 예수님의 존재는 희석되어 가고 덩치 큰 교회만 덩그러니 권위를 자랑하는 시대가 되었다.

그것으로 그치는 게 아니라 점차 탈세와 세습으로 이어지는 과정이 기다리고 있었으니, 그것은 성전건축이 아니라 교회건축을 빙자한 사업 다지기였다. 그런 상황 속에서도 교인들은 목회자의 말씀에 조건 없이 '아멘'으로 화답했고, 목사님께 반기를 드는 것 자체가 하나님께 대항하는 것이라 믿으며 정신적으로는 유일신과 1:1의 관계를 유지해 나갔다.

그런데 괴성을 지르는 이 시대 젊은이—김재환 영화감독이 두 팔을 걷어붙이고 있었다. 니체도 당시 사제들의 무질서로 인해 실망한 나머지 '신은 죽었다'고 외쳤지만, 프란체스코 교황도 바티칸 클레멘타인 홀에서 마이크를 잡고 관료주의에 빠져있는 교황청 사제들에게 그들의 이중성을 꼬집으며 영적, 정신적으로 경직되어 있어 신과의 만남을 잊어버린 영적 치매환자라고 질타했다. 사제들이 이중생활과 위선에 휘감겨 있어 존재론적 정신분열증을 앓는 환자가 된 채 과도하게 물질적 욕망에 사로잡혀 있다고 분노했다.

인간이 사는 사회—종교 문제는 개신교만이 아님을 알 수 있었다. 그것을 모르지 않는 김재환 감독은 오직 이 시대 '한국교회, 어디로 가야 하나?'라는 돌직구를 내걸고 권력과 탐욕으로 얼룩진 한국교회를 정면으로 막아섰다. '스타 목사들이 예수님의 성전에서 좌판을 엎었던 것처럼, 우리들도 불의에 침묵하지 말고 비난의 목소리를 내길 바라는 마음에서 「쿼바디스」를 만들었다'며 제작 경위를 밝혔다.

그렇다면 위험 수위 기독교에 반기를 드는 제2의 종교개혁만이 최선의 답이라고 할 수 있을까. 중세에도 가톨릭의 부패와 타락으로 마틴 루터의 종교개혁이 일어난 것처럼, 예수와는 현저하게 다른 길을 가고 있는 한국교회에도 종교개혁이 일어나 모든 것을 바로잡을 수 있을까.
영화를 관람하는 관객들은 침묵 속에서도 너나없이 그 상황을 질타하고 있었다. 종교가 이 지경이 된 것은 종교를 면죄부로 이용하는 사람들이 있기 때문이라고. 죄를 짓고서도 반성하지 않는 몰상식한 사람들이 있기 때문이라고. 세상 사람들이 교회의 부조리를 구체적으로 알고 있음에도 교인들이 침묵하기 때문이라고.

그것은 교인이 무지해서가 아니다.
교인들도 무의식적으로 적당히 세뇌되어 그 물살에 동승해 흐르고 있어서다. 교회의 크기를 인격과 위상으로 착각하며 '종교'라는 포장지에 성스럽게 포장된 채 금송아지와 십계명을 두 어깨에 짊어지고 세상을 활보하고 있어서다. 예수님을 맹목적으로 믿기 때문이며 세상과 적당히 타협하는 존재가 되어 세상 풍경에 잠식되고 있어서다. 하루에도 수십 번씩 예수님을 농락하며 대형 가면을 쓴 채 살아가고 있어서다.
나도 그 부류의 대표적 사람이라 철통가면을 둘러 쓴 채 신앙적으로 살아오지 못했음을 진심으로 고백한다.
"당신은 진정 인격적으로 예수님을 존경하는 사람 측에 가까운가?"
영화 「쿼바디스」는 죄의식 없이 교회당에 왔다 갔다 하는 내 영혼을 향해 매몰차게 다그쳐 주는 작품이다.

헝클어진 마음을 추스르며 영화관을 빠져나오니 2115번 버스가 기다리고 있었다,
나는 언제 그 영화를 관람했느냐는 듯 생각을 전환하고, 가족들과 함께 할 시간을 위해 육개장 재료를 사려고 롯데마트로 달려갔다.

Where are you going?
Where are you going? (2015)

짧은 만남, 긴 여운

문학을 향한 두근거림으로 그 학교 문을 두드리던 때가 있었다. 시인이면서도 영문학자인 교수님의 눈빛은 시계추처럼 무한한 영靈적 세계에서 왕래하는 삶처럼 보였다.
나는 그때 문학의 세계에 몰입된 교수님, 끝과 끝이 없는 것처럼 삶의 한복판에 무심한 듯 서 계신 교수님을 뵐 수 있었다.
교수님의 동공은 김창열 화가의 '물방울'에 함몰되며 파장을 일으켰다. 백색의 머리를 대칭으로, 아니 그보다 보기 드문 가르마로 헤어스타일을 연출하며 '물방울'의 아슬아슬함과 그 살아있음에 환호성을 지르셨다. 낭만파 시인 윌리엄 워즈워스의 「무지개」와 「초원의 빛」을 원어로 낭송해 주시는가 하면, 코울리지의 「미지의 환희」도 낭송, 시詩 속에 잠재되어 있는 뜨거운 열기를 수강생들에게 거침없이 뿜어내곤 하셨다.

"시詩가 뭐지?"
"네? 아 네…. 시란 이상향을 향해 열기를 뿜어내는 그 무엇…."

어쩌다 글을 잘 쓰는 제자라도 나타나면, 수업이 시작되기 전 교실에

미리 도착해 노심초사 하시는 모습으로 유리창을 응시하다 그 제자의 문학재능을 곱씹으며 교실 문이 열리기를 기다리곤 하셨다.
가랑비가 내리는 날에도 어슬렁어슬렁 캠퍼스를 돌아다니며 땅에 떨어진 시계추를 줍기라도 하는 듯 무엇엔가 몰입하셨다.
그러던 어느 날, 운동장에서 잠시 만난 나를 식당으로 안내해 2500원짜리 점심을 사주시며 삶에 대해, 그리고 문학에 대해 주저리주저리 풀어놓곤 하셨다.

"시계추를 수집하는 게 취미지, 나는 아들이 셋이고."

그때 그 만남은 작은 끈이 되어 혜화동에 있는 '바탕골'에서 시낭송을 할 때마다 초대해 주셨고, 고인이 되신 구상 시인님, 소나무를 주제로 시를 쓰시는 박희진 시인님까지 만나 뵐 수 있도록 주선해 주셨다. 바탕골을 열광시키던 세 시인—대大 시인님들의 열기는 문학의 세계에 발을 디딘 나에게 알지 못 할 에너지와 횃불이 되어 타들어가기 시작했다. 언제나 성스러운 분위기를 풍기시던 교수님, 시간이 흘렀지만 가슴 구석에 남아 문학의 불씨로 자리하시던 교수님!

그러던 어느 날, 그 교수님께서 윤재천 교수님과 국제펜클럽문학상을 수상하게 되어 '문학의 집'에서 잠시 만났지만, 내가 누구인지 몰라 가물가물 하시는 듯, 무심코 반가운 듯, 어깨를 툭툭 두드려 주시던 교수님. 그 후 얼마 되지 않아 심장마비로 타계하셨다니…. 눈앞에 그 헤어스타일의 노老 교수님이 걸어 다니고 계시는데….

잔인한 세상이 아닐 수 없다.

성찬경 교수님! 부디 83년간의 생을 접으시고 영면하시옵소서!

(2015)

불었구나, 바람이

지금은 소통의 시대이다.
하지만, 스마트폰이 책상 위에 있어도 그것을 집어 안부를 묻지 못하는 실정이다. 집어 들긴 했지만, 차마 그 친구의 핸드폰 번호를 누르지 못하던 입장이다.
친구에 대한 예의, 친구에 대한 불안감, 그 뒤에 따르는 문제들이 기계의 가동을 방해시키고 있어, 나를 주춤거리게 한 지가 시간이 꽤 흘렀다.

2년여 전, 친구가 신부직에서 물러났다는 소식을 들었을 때보다는 마음의 통증이 덜 왔지만, 그래도 친구의 투병소식은 또 한 번 나를 소스라치게 했다.
한 달 전 다른 친구를 통해, 그 친구가 예후가 좋지 않은 '○○암'에 시달리며 고통당하고 있다는 소식을 들었음에도, 정신만 혼미할 뿐 움직이지 못한 채 경직당하고 있으니, 묵중한 의식을 묶어놓는 방해물은 과연 무엇일까.

삶이라는 실체가 잔인하기만 하다.

바람 부는 세상에서 고독한 영혼으로 캄캄한 거리를 혈혈단신 헤매는 게 인생이지만, 그 친구에게 내려지는 고통은 가슴을 돌덩이로 짓누르게 한다. 한 생애를 사는 동안 삶의 과정이 만만치 않아 우연의 법칙과 충돌할 때가 적지 않겠지만, 그래도 삶이라는 괴물은 감당 못할 고통을 주고 있어 마음 둘 바를 모르겠다.
그러나 이 순간 친구에 대한 글을 쓸 수 있는 것은, 와인 한 잔과 촛불의 힘을 빌려 용기를 내고 있으니 알코올의 힘이 크긴 크다.

신부님은 초등학교 동창이다. 한 마을에서 태어나고 자라서 나와 살아온 환경이 비슷하다. 무엇보다 평범한 길을 거부하고 신부의 길을 택한 친구의 삶을, 글 쓰는 사람으로서 조금은 이해될 것 같았다.
나는 친구가 꿈꾸던 삶, 성직자 삶이 귀하게 느껴졌다. 삶의 의미를 좀 더 알고 존재를 소중하게 여기며 살아가는 삶이 진정성 있게 다가왔다. 발칸 반도에서 극도의 추위를 이겨낸 흑장미 향기가 강하게 진동하듯, 한겨울 얼음판을 뚫고 솟아난 복수화가 극치의 아름다움을 발산하듯, 일반 대학을 졸업한 후, 다시 신학교로 입학해 신부의 길을 수행하는 친구가 조금은 이해될 것 같았다.

비록 친구가 중견 신부로서 술을 좋아하긴 했지만, 다른 친구와는 달리 순수함 그 자체로서, 잔인하게 자신의 이익을 위해 상대방을 이용할 줄도 몰랐고, 상대방의 의식을 뭉개지 않아 이기적이지도 않았으며, 자기의 직분을 내세워 권위적이지도 않았고, 다중인격자처럼 위선적이지도 않았다.

그런데 그러한 친구가 암의 노예가 되고 있었다니, 그 소식을 듣고도 문병은커녕 전화도 쉽게 못하는 형국이니, 가만히 생각해보면 삶과 삶의 관계는 잔인하면서도 참으로 묘연하다.

그 친구는 남편과도 고등학교 동창이다.
친구는 로마유학까지 마친 상태로서, 20대 후반 사제서품을 받고서도 소록도에 가서 근무하는 등, 성직자로서의 길을 30여 년 간 귀하게 복무했다.
그러던 어느 날, 뜻하지 않게 친구 신부님의 소식을 구름과 바람을 타서 듣게 되었다.

그 소식을 듣는 순간, "결국 '너' 무너지고 마는구나"라며 쓰나미 같은 통증이 일었으나, 갑자기 벌어진 일이라서 무섭기도 하고 두렵기도 하여 친구가 가야할 행선지 또는 선택한 길도, 처해진 상황도 알고 싶지 않았다. 참으로 아무것도 알고 싶지 않았다. 30여 년 간 여러 가지 보직을 거쳐 DM 성당 주임신부로 복무해 온 신부님이라, 모든 것을 성스럽게 수행하길 바랄 뿐이었다.

친구로서 그래도 제주도 작은 마을에서 동창 한 사람이 성직자가 되어 주었기에 글을 쓰는 나로서는 다행이라 생각했고, 간간이 제주도에 내려갔을 때도 그 신부님이 든든한 친구라고 생각되어 동행한 친구들과 함께 우리들의 고향 '오조리' 상황을 전해 듣곤 했다.

그 친구는 언제나 그랬다.
친구는 상황에 따라 술을 좋아했고 대화를 좋아했고 음악을 좋아했고, 무엇보다 고향 동창들을 좋아해서 이튿날 새벽 미사가 있음에도 시간들을 지혜롭게 쪼개가며 배려해 주곤 했다.
"제주도에 내려올 때는 하루 전만 연락해라. 다른 친구들은 몰라도 동창들이라면…. 내가 무슨 소릴 들으려고 안 나오겠니?" 라며, 농담도 서슴지 않던 친구라서, 많이 안타깝다.

그런 친구가 이름 모를 병실에 누워 암과 투병하고 있었다니, 무엇보다 예후가 좋지 않다는 소문까지 들었던 입장인데, 전화 한 통 못해주던 형편이 되고 있어 많이 미안했다. 그 친구가 제주도에 버티고 있어 한라산이 좀 더 생동감이 있었는데, 친구는 어쩜 그렇게 무너지고 말았을까. 가장 평범한 것이 인간의 삶이겠지만, 가장 어렵고 깊은 것 또한 삶임을 느끼게 한다.

"친구야 미안하다. 현실을 현상 그대로 받아들이렴. 신의 구상에 의해 제작된 각본, 이제 그 각본에서 벗어나 지난 시간들을 진지하게 회상하며 참 삶이 어떤 것인가를 고민해 보렴.
비록, 이제는 먼 곳으로 떠나고 말았지만, 부디 그곳에서는 영혼의 주름을 펴서 평안하게 안식하렴.

"고인의 명복을 빕니다."

(2015)

가자, 그니를 극복하러

청마靑馬!

짙푸른 에너지를 안고
짙푸른 긍정기를 안고

세상이 회색빛이라 해도 정녕
비전과 희망을 안아다 주는 영靈적 동물
청마

2014년,
수만 마리의 청마가 천기天氣 뿜어내며
혼탁한 이 시대를 끌어가고 있다

하지만, 걸어온 길과 걸어가는 길도 의식 없이 살아오기야 했겠는가. 미지의 시간보다, 걸어가는 시간에도 검은 구름이 몰려오도록 엔진을 가혹하게 가동시켰으니….

어쨌든 해[year]가 바뀔 때마다 획기적인 계획으로 마음을 조율하지 않는다면, 갑오년을 끌고 갈 엔진이 — 하데스Hades의 지하세계보다 깊숙이 숨겨져 있어 무분별한 원동력을 끌어낼 수 있겠는가. 유야무야한 시간 속에서 존재 없는 존재감이 되어, 매너리즘 속에 빠져 살아갈 수밖에 없으리라.

갑오년엔 그동안 삶이 바빠 손길이 못 간 것에 눈길을 주며 살아가고 싶다. 유한적인 삶 속에서 일기일회 마음으로 살아가지 않는다면 삶을 마감하는 순간, 만회하지 못 할 '후회'란 놈이 관 뚜껑을 뚫고 튀어나올 것 같아 '삶'이라는 괴물을 리모델링해야겠다.
그 '삶'을 케어care하기 위해 거대한 각오가 있는 것은 아니다.
사느라고 피땀 흘린 영혼과 육신에게 휴식을 주기 위해 여행도 해보고, 뒷산 기슭에 숨어 있는 들꽃에게 말이라도 걸어보고 싶다.
살아있음 그 자체를 의식하기 위해, 환골탈태하는 마음으로 '헬스클럽'에서 트레이너 지시에도 고분고분 따르겠다. 막간의 시간을 만들어 고향에 있는 텃밭에 푸성귀도 심어보고, 주변에 있는 해변을 걷기도 하며 활기차게 헤엄쳐 다니는 물고기의 지느러미도 관찰해보고 싶다.

과포화로 누적된 삶의 체지방, 삶에 쫓겨 영육靈肉의 근육질을 만들지 못했던 시간을 만회하기 위해 러닝머신에라도 온전히 몰입, 지방을 분해하며 근육질체질을 만들어 가야겠다. 이것만이 나에겐 삶에 대한 보상, 그 이상의 보상은 없기 때문이다.

(2014)

작가라는 명목을 유지하기 위해 글쓰기에 몰입하던 순간처럼 극복해 나가야 할 과정이 많겠지만, 이것은 수명이 할애된 순간까지 견뎌내기 위한 숭고한 이벤트로 꿈과 비전임엔 틀림없다.

소망이 그 뿐이겠는가.
작가라는 이름을 던져버리지 못하는 이상, 마음 채워 줄 글 한 편 쓰는 게 예의이지 않겠는가. 동쪽바다를 뚫고 올라온 햇살이 서쪽바다를 향해 잠식해 가듯, 그림자처럼 쫓아다니는 삶의 요소요소를 반추해 나가야 하지 않겠는가. 거센 파도에 시달리는 방파제처럼 묵묵하게 움직이면서도 그때 그 시절, 필리핀에서 조랑말 타고 이름 모를 산야를 횡단하던 그 시간들을 추억해야 하지 않겠는가.

한 시대를 풍미했던 애마부인愛麻婦人이 아니라, 제주도 조그만 승마장이라도 찾아가서 조랑말이라도 쓰다듬어 줄 수 있는 여유, 이 시대 애마부인愛馬婦人을 상상해 보기도 하면서….

'싫다'를 극복해 나가야 하지 않겠는가.

(2015)

타이타닉의 교훈

'타이타닉'은
초호화 유람선으로 수많은 승객들을 태우고 처녀항해를 하던 중 북대서양의 빙산에 부딪혀 침몰해 일어난 내용을 그린 영화이다. 그 화려하고 거대한 타이타닉이 두 동강 난 채 바다 속으로 침몰하게 된 것은, 바로 바닷물 위에 조그맣게 떠 있던 부류빙산浮流氷山 때문이다.

'타이타닉 호'는 인간의 가장 뛰어난 기술력과 최상의 인테리어로 제작된 세계 최대의 유람선이다.
이 유람선은 1911년 제작되어 1912년 4월 14일 밤 11시 40분, 영국 사우샘프턴 항을 출항해 뉴욕 항으로 첫 항해를 하던 중, 뉴펀들랜드 해역에서 부류빙산浮流氷山과 충돌해 2시간 40분 만에 침몰된다.

탑승자 2,208명 중 1,513명의 희생자가 발생해 세계를 놀라게 한 해난사고로서, 타이타닉 호의 잔해는 사고 난 지 73년 후인 1985년 9월 1일 북대서양의 차가운 바닷물 속에서 탐사대들에 의해 발견되었으니, 놀라운 역사가 아닐 수 없다.

어디, 그 뿐인가.
그 사건을 재구성하여, 1997년에는 감독 '제임스 카메론'이 울고 웃는 러브스토리—세기적인 명화까지 제작했으니 희비喜悲가 엉켜진 우리들의 삶은 죽음 앞에 항복하는 순간까진 참혹하기 그지없다.

'타이타닉'은 고대 그리스 신화 속—'티탄 신'에서 따온 이름이다.
문제는 그 이름을 받은 그 시점에서 약 4700톤가량의 유람선 불행은 예고되었다니, 작명作名의 이미지가 전이轉移되는 관계에 대해 미묘한 메시지를 느낄 수밖에 없다.

우라노스를 비롯한 티탄 신은, 제우스를 비롯한 올림포스 신이 조카뻘이라 하찮게 생각해 방심한 결과 그들이 일으킨 전쟁에 참패한 것처럼, 호화 유람선 '타이타닉 호'도 참으로 하찮게 생각했던 빙산 조각에 의해 좌초되지 않았는가.
고대 그리스 신화는 정녕 오늘까지도 인간의 삶에 침투되고 용해되어 '운명의 운전대'를 자유자재로 조율하며 항해하고 있는 것은 아닐까.

미심쩍은 작명作名은 우리 삶을 좌우할 만큼 통제되지 않을 때가 있어, 제우스의 불벼락이 되어 몰아치기도 하는 것일까.

(2016)

의녀반수義女班首, 김만덕

할머니(1739-1812)!

당신은 조선 영조(1694-1776) 때 제주에서 김응열의 3남매 중 외동딸로 태어나 평안한 가정에서 살셨지만, 어느 날 유행병으로 인해 12세에 천애고아天涯孤兒가 되셨지요.

다행히 제주 성내城內에 한 기녀妓女가 살고 있어 그곳으로 수양딸로 가게 되었으나, 당신은 재색과 지혜가 출중하게 뛰어나 젊은 남성들의 눈과 마음을 사로잡을 수밖에 없었지요.

할머니!

당신은 수양어머니가 안내하는 대로 20세쯤엔 행수기생行首妓生이 되었음에도, 문득 그게 길이 아님을 깨닫고 관청에 가서 기생명부에서 해제시켜 달라고 탄원서를 내셨지요.

24세 때, 양인신분으로 오빠들이 있는 집으로 돌아가서 물산객주物産客主를 운영하고 여러 가지 제주토산물을 수집, 육지와 교역하며 사업에 크게 성공해 제주인으로서 여성 최초의 CEO가 되셨지요.

그 시대, 독신의 삶이 쉽지 않았을 텐데 설문대할망의 기백과 아테네 여신의 지혜로움이 잠재된 당신은, 모든 것에 창의적이면서 강인함이 있어 제주여성으로의 진면목을 유감없이 발휘할 수 있었지요.

무엇보다 57세 때는 흉년이 들어 아사餓死 직전의 제주도민 17만 명을 위해 기민구제를 시작했으니, 하늘 아래 어느 장부丈夫인들 그런 일을 추진할 수 있겠습니까.

할머니!

그것은 천상천하天上天下에서 그 어느 대장부도 할 수 있는 일이 아닙니다. 조선 22대 정조임금께서도 그 선한 일에 사뭇 감탄해 영의정을 지낸 채제공에게 당신의 전기를 집필하라는 것은 물론, 제주목사 심낙수를 통해 일생일대 소원이 무엇이냐고 묻지 않았습니까. 하지만 당신께서는 "소원이라면 단 한 가지, 서울에 가서 임금님의 용안을 뵙고 궁전을 둘러본 후 금강산 비로봉에 가서 '일만 이천 봉'이나 구경했으면 생生을 마감한다 해도 여한이 없겠다"고 하지 않았습니까.

그 동기가 150년 동안 규제됐던 제주사람과 조선여인들의 '출국금지령'

에 대한 도전이라 해도, 당신의 당당한 개성과 기상천외함은 선구자로서의 정신적 극치로서 세상 사람들을 놀라게 했으며, 정조 임금께서는 의녀반수義女班首 직까지 제수制守 했으니, 당시 여성으로서는 최고의 벼슬을 하사 받은 것이 아닙니까.

할머니!
당신의 저력과 혼魂은, 지금 이 시대 제주 땅에 붉은 기운氣運과 활활 타는 에너지로 승화되고 있어, 글로벌시대에 세계 속의 신화로 우뚝 서 계십니다. 옛날에는 제주의 상징이 돌과 바람, 여자가 많다며 부정적 측면이 제시되었지만, 바람과 돌은 지금 이 시대 제주에 없어서는 안 될 천연보물이 되고 있지 않습니까.
또한 여다女多의 의미도, 당신을 본받아 부지런함 속에서 자주와 자립, 자활의 성격을 지닌 채 무엇이든 나눔의 삶을 지향하라는 메시지가 아니겠습니까. 그러니 저희들 당신의 지대한 정신과 높은 삶을 소홀히 할 수 있겠습니까.
그래서 상임대표 고두심 선생을 중심으로 한 여러 후손들이, 지난 5월 29일 제주시 산지로에 '김만덕 기념관(관장 김상훈)'을 개관하지 않았습니까. 당신의 얼을 시대에 맞게 기리기 위해, 모충사의 '만덕관'을 '김만덕 기념관'으로 확장시켜 당신의 귀한 정신을 온 세계로 전파하고 있지 않습니까.

할머니!
또 기념관 근처에는 300년 전을 재현하는 객주집까지 있어 당신의 정신을 온전히 실감할 수 있었습니다. 기념관 3층에는 사업철학과 당시 상황, 많은 자료, 미래를 향한 지향점이 즐비해 있어 다가올 미래까지 예측하게 했습니다. '김만덕 기념관'이 '대한민국 최초의 나눔 기념관' '전 세계 나눔 기념관'으로 거듭나고 있어, 문화유산으로서도 역사 속의 대大족적이 되고 있었습니다.
어쨌든 미친 듯이 달려간 당신의 기념관은 시간과 공간을 초월해 살아 움직이고 있었습니다. 대자연의 섭리 속에 자리 잡은 제주 특유의 청청함을 훼손 없이 관리하고, 오블리즈 노블리제 실천을 이행하며, 인간으로서 본연의 자세를 지켜가라고 가르치고 계셨습니다.

무엇보다,
외유내강한 당신의 모습은 그 어떤 상황 속에서도 조냥 정신을 바탕으로 미래지향적인 삶을 살아가며, 탐라도의 여성상을 후세에 계승시켜 나가라고 당부하고 계셨습니다.

(2016)

Chapter
5

초현실주의 화가, 살바도르 달리

달리(1904-1989)는 비합리적인 사람이다.

괴기한 환각을 사실적으로 창조하는 능력이 남과 다르다. 현실에서는 존재할 수 없는 대상을 한데 묶어 치밀하게 묘사하는 능력이 있다. 눈과 머리로 사물을 인식해 묘사하는 것이 아니라, 예술가의 심안心眼으로 대상을 형상화한 사람이다. 고집이 센 야망가로 전해지고 있다.

간혹 정신착란으로 인해 간간이 기행으로 점철된 삶을 살았지만, 초현실주의 화가로서 20세기에 앞서 가던 예술가다. 그림을 그릴 때는 전통적인 기법에서 벗어나서 다양한 기법과 형식으로 대중의 시선을 사로잡곤 했다. 자기 자신을 '세상의 배꼽이다'라고 할 만큼 자신감으로 가득 차 있었다.

달리는 남다른 상상력으로 작품세계를 구축하며 대중의 감성을 자극하는 기법을 즐겨 사용했다. 관습 거부하기, 상식 뒤집기를 통해 사물을 관찰하고, 그 대상을 집요하게 응시하며 실상을 왜곡하기도 했다. 무의식 속에서도 꼬리에 꼬리를 물고 일어나는 이미지를 놓치지 않고, 그 세계를 탐구하며 표출했다.

달리는 무엇보다 잠재의식 속에서 영감을 찾은 예술가였다.

환각상태로 자기 자신을 유도하며 꿈속의 세계를 묘사해 냈다. 그 속에서 모든 사물을 비논리적인 방식으로 변형시켜 갔다. 인식할 수 없는 것을 이해할 수 없는 위치에 배열하기도 했고, 그 과정에서의 부조화를 표출해 내기도 했다.

일생동안 정상적인 것에 익숙해지는 것을 두려워하기도 했지만, 정상인들의 세계가 자신의 생각과 일치되지 않는 것을 의문스러워하기도 했다. 기계적인 것, 합리적인 것, 이성적인 것, 일상적인 것에 익숙해 있는 범인凡人들과는 달리, 현실너머에 있는 초현실, 의식너머에 있는 무의식 세계를 보여주는 화가였다. 그런 기법을 구사한 달리는 틀에 박힌 20세기 예술의 흐름을 전복시켜 놓고 말았다. 달리보다 20세기 미술에 족적을 남긴 예술가는 흔치 않다고 전해지고 있다. 그의 상상력은 그림을 통해 이 세상을 또 다른 각도에서 바라보는 방법을 제시해 주었기 때문이다.

달리는 광인이라고 해도 과언이 아니다.

부적응적 장애는 오히려 그에게 축복에 찬 삶이라고 할 수 있다. 그는 잘 훈련된 지성과 파격적인 아이디어로 장애적 기질을 당당하게 생각하며 오만할 때가 많았다.

어린 시절만 해도 고집불통과 안하무인이고, 금기된 것들에 대한 도전으로 가득 차 있던 사람이다. 병적인 그 집착은 부모님이 그가 태어나기 전에 죽은 형과 같은 이름을 사용한 데서 생긴 트라우마다.

학생 때도 안정감과는 거리가 멀어 문제아인 반면, 미술학교 때도 교수들의 실력을 무시한 탓에 의견 충돌이 심해 퇴학당하고 말았다.
하지만 살바도르 달리 앞에 운명을 같이 할 여인이 나타났다.

달리를 남다른 예술인으로 살아가게 한 여성은 마돈나 갈라였다.
갈라는 달리의 친구 폴 엘뤼아르(1894-1952)의 아내였으나, 달리가 파리에서 개인전을 열던 중 서로가 필fell이 통해 동반 도주해 잠적했다가 돌아왔다. 욕망에 가득 찬 갈라는 1931년 초현실주의 시인 폴 엘뤼아르와 이혼하고 달리와 결혼을 한다. 당시 달리는 열 살이나 연상인 40세 갈라를 아내로 맞이했지만, 그녀를 향해 온갖 찬사를 아끼지 않았다. "내 어머니보다, 내 아버지보다, 피카소(1881-1973)보다, 그리고 돈보다 갈라를 더 사랑한다"고 고백했다.

달리는 초현실주의 시조 앙드레 브르통(1896-1966)과의 불화로 그 그룹에서 제명당하기도 했지만, 갈라는 달리와 한 생을 함께 살아가는 사람이 됐다. 허공에서 휘돌아다니는 천재화가 달리를 지상의 천재로 만드는 데 일생을 바쳤다. 달리가 늙어가자 갈라는 젊은 남자들과 간간이 염문을 뿌리기도 했지만, 달리는 개의치 않고 갈라를 사랑하며 의지했다. '나의 그림은 갈라의 피로 그려진 것'이라며, 자신의 작품에 '갈라와 살바로드 달리'라고 서명하곤 했다.
달리는 자유로운 영혼을 지녔지만 갈라만을 사랑했다.
단테에겐 베아트리체가 있었던 것처럼, 달리에겐 마돈나 갈라가 존재했다.
몽환적인 작품, 「기억의 지속」을 보더라도 그 영혼은 자유스럽게 날아다니곤 했다. 잠재의식 속의 환영들과 꿈속의 형상들을 캔버스에 담아내며 많은 사람들을 놀라게 했다. 형식적인 면에서는 구상의 형태를 띠고 있다고 해도, 내용면에서는 추상성이 강해 이해하기가 쉽지 않다.

「기억의 지속」은 달리가 두통을 앓는 과정에서 그린 그림이다.
그것은 무의식적 그림으로 초현실주의를 대표하는 작품이다. 그 그림의 배경은 달리의 고향 스페인 카탈루냐 해안으로 권태와 외로움, 황량함이 서려있다. 흐느적거리는 시계도 멈추어진 시간에 대한 은유로써 시계로서의 기능을 상실했음을 상징한다. 그 그림에는 달리가 그리고자 하는 오브제가 녹아들어가 있어 괴기성과 편집증이 있다 해도 예술로 승화되었음을 느끼게 했다. 그래서 더욱 작품이 높은 가격에 팔려 풍요로운 삶을 살아가게 했다.
하지만 갈라가 세상을 떠나게 되자 달리도 6년 더 병환에 시달리며 불안한 노년을 보내다가 1989년, 여든다섯의 나이로 세상을 마감했다.

달리의 천재성과 그 솔직함, 괴팍함과 야만성이 들리는 것 같다.
눈앞에 보이는 현상만을 쫓아가는 현대인들에게 자신의 내면세계에 귀를 기울이라고 일침을 가하는가 하면, 좀 더 본질적인 삶의 세계로 돌아가라고 채찍질하는 느낌이 든다.

(2018)

경계를 넘어선 이상의 「날개」

– 박제된 천재, 그 의식과 무의식의 충돌을 훔쳐보며

겨드랑이를 만져 보았다.
미로 속을 헤매게 하는 주인공의 정신세계를 훔쳐보며 빛과 그림자의 세계를 거닐어 보았다. '육신이 피곤할 때만 정신이 맑다'는 주인공 '나', 그 문장만 보더라도 주인공은 작가 이상의 정신세계와 흡사해서 늪지대와 비슷했다. 「날개」가 1인칭 소설이라 더욱, 스물여섯 살에 세상을 떠난 영혼이라 더욱, 내 영혼도 축축하게 젖어 있었다.

「날개」의 출전은 1936년 잡지 『조광』에 의해서다. 그 작품은 초현실주의와 모더니즘 경향을 지닌 작품으로, 기성문체에 과감하게 도전하며 특유의 문체로 써내려간 작품이다. 무엇보다 주인공 '나'의 정신세계를 독백체로 그려내는 것이 특징으로 나타났다.
「날개」는 주제가 시대상황을 그려내는 것임에도, 그 주제를 파격적으로 형상화하며 의식의 흐름기법을 도입, 한국문학계 최초로 시도된 아방가르드 작품이다. 주인공이 일제강점기 시대에 죽음 같은 환경에서 무력하게 삶에 지친 나머지, 거세당한 천재가 되어 고개를 숙인 풍경이다. 독안에 든 쥐처럼 의식의 몸부림을 치던 주인공이 넓게 보면 나라 잃은 고통에 방황하며 형상화한 것이 소설 「날개」이다.

「날개」는 작가 이상이 일제강점기 이모저모를 옛 애인 금홍과의 생활과 빗대어 형상화한 소설이다. 지식인의 비판의식을 허용하지 않았던 일제강점기에 날개가 박제 당한 천재는 침묵을 통해 세상을 응시할 수밖에 없었다. 지독한 고통을 의식의 흐름기법을 도입해 주인공의 내면심리를 미로 속에 매장시켜, 의식의 창을 통해 시대를 응시하는 구조로 다가갔다.

「날개」는 1936년 당시 우리 문학에서는 시도되지 않았던 모더니즘 기법의 소설로서 위트와 패러독스로 점철됐다. 가학적인 아내에게 종속된 주인공은 분열된 의식으로 괴성을 지르다 쓰러지기도 하고, 아내가 영업을 하기 위해 수면제를 먹였으므로 숱한 시간 잠에 취해 있기도 했다. 하지만 주인공은 본래적 자아를 찾기 위해, 깊숙한 곳에 숨겨진 감정을 끄집어내기 위해 발버둥치기도 해서, 삶을 향한 의지가 강하게 표출되곤 했다.

하지만, 주인공은 아내의 몸값으로 받은 은화를 지참하고 외출을 시도한 데서 의식의 창에 바람이 불기 시작했다. 이것은 주인공이 온전한 자아로 통합을 꿈꾸는 과정이라, 글을 읽는 나에게도 응원을 아끼지 않게 했다.
'연애기법이 서먹서먹한 남자, 정신분열자, 인생의 제행諸行이 권태로워 견딜 수 없는 남자, 이런 남자가 매춘굴을 상징하는 '33번지 18가구'에

세를 들어 살며, 아내가 벌어들인 은화로 인해 잠시 히죽였던 그 통쾌감을 상상해 볼만 했다. 하지만 은화를 넣은 저금통은 입구만 뚫려 있어 주인공 '나'의 삶과 다를 바가 없었다.

오직 아내에 의해서만 열리는 그 저금통, 하지만 그들의 삶에는 묘하게 상호간에 주고받는 감정이 실타래처럼 나열되어 있어, 그 거미줄 속에는 알지 못할 기호가 배치되어 있다.

저금통 역시 미로 그 자체로 나타났다. 주인공은 아내의 내객처럼, 주는 즐거움과 받는 즐거움을 음미하기 위해 아내에게 받은 은화를 화장실에 버리기도 하고, 그 돈을 들고 거리를 헤매기도 하지만, 그 과정에서 매장된 꿈을 끄집어내고 싶은 충동이 생겼으니, 그 속에 작품의 핵核이 숨어 있다.

이 과정에서 '날개'의 상징성이 살아 움직이기 시작했다.
가만히 더듬어 보면, 매춘부 아내에게 종속되어 있는 지성적인 남자, 그 암흑지대에 붙어살려면 주인공처럼 희죽대지 않으면 견딜 수 없었던 남자, 돈을 쓰는 기능조차 상실해 버린 남자, 아내가 낯선 남자와 동침을 해도 통증이 없던 남자, 아니 차라리 모른 체 했던 남자가, 어느 날 쓸쓸한 그 자의식에 의미 있는 바람이 불기 시작했다. 그 의식의 바람은 내면 깊은 곳에서부터 빠져나와 비상을 꿈꾸기 시작했고, 아내와의 갈등— 시대와의 갈등 속에서 절름발이 관계임을 깨달은 결과, 의식과 무의식이 충돌하기 시작했다.

하지만 주인공은 여전히 캄캄한 방, 아내의 체온이라곤 느껴볼 수 없는 감옥과 다를 바 없는 방안에서 수만 가지 공상과 함께 연구하며 논문을 쓰는 남자였다. 박제된 천재로서 정신적인 동맥경화증에 시달렸지만, 좌절하지 않고 좁혀진 혈관을 뚫으려는 무의식 속의 의지가 살아 움직여, 주인공 '나'는 곧 부활을 꿈꾸는 주인공으로 나타나기 시작했다. 그것은 폐쇄된 공간 속에 억눌려 있던 자의식이 점점 강화되어 궁극적으로는 분열된 자아를 재건해 본래의 자아, 건강한 자아를 되찾으며 해방을 열망하게 되었으니, 그게 「날개」가 제시하는 핵심이다.

「날개」가 주는 궁극적 메시지, '날자. 날자. 날자'는 폐쇄되고 감옥 같은 방으로부터의 탈출을 위한 기도였다. 무엇보다 「오감도」를 쓴 이상의 의식과 무의식의 연출이라, 매춘부 금홍과 지독한 사랑을 하며 동거를 하던 이상이라, 결혼 4개월 만에 일본으로 건너가 결핵으로 26살에 각혈하며 메론을 찾은 이상이라, 그 시신이 마지막에는 본부인 변동림에 의해 현해탄을 건너와 한국에 묻힌 이상이라, 「날개」는 현실인 듯 환상인 듯 나의 뇌리에 각인되어 환호성을 지르게 했다.

건강한 자아와 분열된 자아가 한낮 정오에 겹쳐지며 힘찬 생명으로 탄생되는 것은 의식의 클라이맥스다. '나'를 종속시킨 일제치하, 나를 종속시킨 현실, 나를 종속시킨 아내, 숱한 아내의 남자로부터 벗어나 암흑기를 극복해 가는 과정은, 절대고독의 경지라서 청청하기까지 했다.
능력을 가진 천재가 절름발이 부부생활, 절름발이 세상을 짊어진 채 끙끙 앓았으니 살아 있어도 살아있는 삶이 아니었다. 주인공이 추구하는 삶의 가치가 그곳에는 전혀 없어 불현 듯 '날개'를 그리워하며, '날개야 다시 돋아라. 날자. 날자. 한 번만 더 날자꾸나'라고 절규한 주인공 '나', 곧 이상이다.
일제강점기, 지식인임에도 사회를 변화시킬 수 없다는 무력감에 매몰된 주인공 '나'—아니 이상이지만, 어느 날 탈출 욕구가 생긴 풍경은 대단한 반전, 아니 그보다 정답이 보인 반전이기도 했다.

피상적으로는 대조적인 부부, 그들이 기거하는 칸막이 방, 그 속에서 파생된 빛과 그림자. 매춘을 해서라도 남편과 함께하는 여인으로서의 승리감, 동물처럼 아내가 주는 음식을 의식 없이 받아먹으면서도 뇌리 속에서는 결코 동결된 삶에 묵혀있지 않은 주인공 '나', 나 역시 사랑하는 아내와 그 아내의 남자들을 응시하던 주인공을 훔쳐보며, 글을 읽는 동안 감동이 몰려왔다.
혼란스런 「날개」 산책, 어떻게 보면 미로 속에서 진땀을 뺀 느낌이지만, 어디선가 겨울이 지나가는 환상—'날자. 날자. 한 번만 더 날자꾸나'라는 야심 찬 소리에 귀 기울이다 보니, 나도 슬그머니 겨드랑이로 손이 가고 있었다.

(2018)

고랑도 몰룸네다

경해도 봅써마씸.
경해도 봅써마씸.
이젠 비록 양, 탯줄 끊은 족지물에 하늘 높이 내뻗은 팽낭이 어성, 제숙으로 쓸 도새기가 낭 꼭대기에 도라메 있진 안탱 해도, 이승과 저승의 길목에서 목청이 빠져라 고함을 내지르진 안탱 해도,

도새기가 목숨이 끊어진 후, 퉁~ 하고 족지물로 떨어져 공허의 피바람을 뿜어내진 안탱 해도, 순식간에 검은 털이 폭폭 뽑혀지고 배설 창지, 앞다리, 뒷다리 쓱쓱 갈라지며, 슬프도록 청청한 족지물이 피血바당으로 범벅되진 안탱 해도,

내 무의식 속에는 그 옛날 제주에서 돌라 퀴던 풍경들이 흑백으로 펼쳐지며 튀어나오고 이선, 쓸쓸한 그 정체성은 무의식의 황당함, 아니 아니 그보다 동생을 낳아 탯줄 끊어 보릿찝 속에 파묻던 어멍의 피묻은 손이 춤을 추엉 마씸, 내 고향 '오조리'가 대가리 속에 톤톤허게 남아 뱅뱅 돌안 마씸,

어떵, 그곳을 잊어불 수 이시쿠과.
어떵, 그곳을 잊어불 수 이시쿠과.

고랑도 몰룹네다.
고랑도 몰룹네다.

(2018)

참고
*경해도 봅써마씸: 그래도 보십시오
*고랑도 몰룹네다: 말해도 모릅니다
*족지물: 바다와 연결된 냇가
*제숙: 제물
*팽낭이 어성: 팽나무가 없어
*도새기: 돼지
*도라메: 매달려
*안탱 해도: 않더라도
*배설 창지: 소장 대장 위장 심장 등~
*보리찝: 추수한 뒤의 보리나무, 땔감용
*돌라퀴던: 뛰어놀던
*이선: 있어
*어멍: 어머니
*대가리: 머리
*바당물: 바닷물
*톤톤허게: 탄탄하게
*춤을 추엉 마씸: 춤을 추기 때문에
*뱅뱅 돌안 마씸: 뱅글뱅글 돌기 때문에
*어떵 잊어불 수 이시쿠과: 어찌 잊을 수 있겠어요

'그을린 사랑'에 물든

핏. 줄. 이. 땡. 겼. 다

1+1=2가 아니라, 핏. 줄. 이. 땡. 겼. 다

천재지변으로 배설된 분노의 회오리를 마리아의 마음으로 받아들이고, 순간의 찰나를 뭇 시간 속에 휘둘리듯 운명의 네온사인이 뱅뱅 돌아가는 순간, 나는 새침한 척 선글라스를 끼고 앉아 행인의 모습으로 곁눈질하며 물살 위를 야릇하게 게임하듯 항해航海하면서도 팜므파탈의 시선으로 그 나신裸身을 응시할 뿐, 지고지순한 여자의 모습으로 그 나신을 응시할 뿐, '그게 삶'이라는 비구니의 마음으로 그 나신을 응시할 뿐, 그러나 보이지 않는 물살의 내장內藏 끝에 상처투성이로 조용히 도사리고 앉아, 악성세포의 정체들을 꼭꼭 씹어 삼키다가 칵칵 토해내기도 하며, 태극마크가 새겨져 있는 천 조각처럼 숨 가쁘게 헉헉대며 춤을 추다 광란의 해저海底 속으로 잠수시키기도 하였으니, 여전히 나는 태연한 척 예술이라는 미명아래 투박스런 세포들을 쿡쿡 집어 삼키며 침투하고 있는 상황이니, 그것은 분명 정체불명의 판돈이렷다!

음음
1+1=2가 아니라, 핏. 줄. 이. 땡. 겼. 다

그래서 너와 나는 삶의 응시자, 너와 나는 삶의 관망자, 너와 나는 삶의 위선자, 아니아니 너와 나는 세상을 훔쳐보는 관음증 환자렷다, 인간의 마음은 하늘과 땅과도 다를 바 없어 그토록 극단적으로 치닫고 있었다니, 이것은 세상에 태어난 너와 나의 죄, 나의 어머니 죄, 너의 아버지 죄로서, 주어진 시간을 의식 없이 즐긴 죄, 고통스럽게 즐긴 죄, 고로고로 '하늘 아래 죄는 없다'라는 어느 시인의 한恨처럼 그 깊은 강엔 증오만이 가득하니, 아니 아니 사랑의 불길만이 가득하니, 주인공인 그녀의 깊은 바다엔 냄새 지독한 형상들로 가득 차 있었지만, 이제 다소곳이 재災로 승화된 그녀의 영혼은 새벽녘 목련 한 송이로 환생되었으므로, 세상 사람들아 그녀의 무덤 앞에 비석을 세워줘라, 무덤이 없는 기념비가 되지 않도록 산꼭대기 양지바른 곳에 영혼을 안치시켜 우둔한 인간에게 인간의 본성과 사랑의 본질을 가르치게 하렷다!

음음
1+1=2가 아니라, 핏. 줄. 이. 땡. 겼. 다

아하! 통찰을 통해 그녀에게 사랑의 정체를 파악하게 하고, 무서운 포용의 힘을 발견하도록 하여 죽어도 죽지 않아 살아있는 영혼이 되게 하고, 헛헛한 사람들의 가슴속에 쓰레기통이 되지 않도록 하여, 시대를 초월하는 정신이 되게 하고, 그 광풍 속에서도 통곡을 배우지 않도록 하여,

또 다시 노래를 부르게 하고, 음침한 곳을 햇살로 반짝이게 하니 종국에는 영혼의 감옥에서 탈출하게 되는구나 음음, 그래서 그랬구나, 나 역시 인간은 운명의 노예라고 노래하는 그 여자를 잊지 못하여, 순간도 대낮에 혈혈단신으로 골방에 처박혀 앉아, 전깃불을 끄고 진한 자색의 묵직한 커튼을 내린 채, 차이콥스키 음악 뿐 아니라 책상 모퉁이에 붉은 촛불을 켜고 앉아 포도주 한 병을 개봉한 뒤, 비몽인 듯 사몽인 듯 그 속으로 몰입되고 말았으니 음음, 그렇고말고 그 순간은 글을 쓰기 위한 나만의 연출법을 디자인하며 탈출을 시도하는 시간이렸다!

음음
1+1=2가 아니라, 핏. 줄. 이. 땡. 겼. 다

근데 망극한 중언부언은 그만의 아픔, 그만의 슬픔, 그만의 고통, 나만의 응시적 매개체로서 누구도 흉내 낼 수 없는 영혼의 리모델링이렷다, 그러나 선과 악으로 출렁대는 인간의 본성과 심장이 타오르는 듯한 광기, 영화 속 '그을린 사랑' 의 '시몬과 잔느와 나왈'을 지우지 못하여, 그리고 그 여자 나왈에겐 아들이며 강간자인 그 남자를 지우지 못하여, 시몽과 잔느 남매에겐 아버지이며 형제인 그 남자를 지우지 못하여, 고통을 지우지 못하여, 그 잔인함을 지우지 못하여, 나 역시 이처럼 미련하게 검붉은 와인에 의존하고 있었으니, 나는 무심코 앉아 이 세상 행복과 불행을 세인에게 하소연할 뿐 무슨 푸념을 하오리까, 근데 나왈 당신은 무덤 속에 유유자적하게 앉아 우리에게 명령하고 있었구려, 사람들이여 목을 조여 맨 운명의 멍에에 당신을 내맡기지 말지어다, 세상엔 황녀 같은 운명이 있는가 하면 쓰레기 같은 운명도 없지 않으렷다!

음음
1+1=2가 아니라, 핏. 줄. 이. 땡. 겼. 다

셰익스피어 작품 '리어왕'에도 착한 자의 운명에도 기우는 때가 있다 하였으니, 우리 이제 '그을린 사랑'의 나왈처럼 운명의 수레바퀴로 들어가 희롱당하지 말지어다, '운명의 여신이여 안녕 안녕' 하며 그 실체의 노리개가 되지 말고, 창공에 떠 있는 저 별을 향해 터벅터벅 걸어가렷다, 붉디붉은 딸기는 쐐기풀 아래서 자란다고 하지 않았던가, 거친 비바람은 오월의 꽃봉오리를 흔드는 법이라고 하지 않았던가, 독한 뱀 살모사는 화창한 날 어슬렁거리는 법이라고 하지 않았던가, 낮은 신분도 꿈이 많은 자에게는 야망의 사닥다리가 되어준 뒤 그 다리를 오른다고 하지 않았던가, 근데 그 삶 속에는 충격과 전율과 감동이 잠재해 있어 그게 곧 인생이라고 하지 않았던가, 그래서 그 여자 나왈은 분노의 흐름을 차단시키는 것은 오직 '사랑 사랑' 뿐이라 노래하였으니, 그것은 인간의 양식, 그 영화 '그을린 사랑'이 주는 메시지일지도 모르렷다!

음음
1+1=2가 아니라, 핏. 줄. 이. 땡. 겼. 다

어쨌든 나왈이 알고 있는 그 침묵 속엔 생生을 마감한 여인의 발자취가 있다고 하지 않았던가, 어머니가 남긴 두 통의 편지에서 자녀들이 어미의 정체를 알게 되었을 때 구토보다는 충격과 함께 중동지역의 전쟁과 이념, 갈등과 분열, 포기와 증오로 걷잡을 수 없었던 그들의 삶을 통하여, 아니 전쟁 중의 전쟁으로 인하여 비극을 승화시킨 사랑으로 잠재울 수 있는 원천을 깨닫게 하였으니, 우리 역시 주인공이 되지 말란 법이 있단 말인가 음음, 한 번 나도 그 감독 '드니 빌 뵈르'와 대좌對坐하고 싶다, 그 심연 깊은 곳이 어디메쯤인지 독사의 눈처럼 응시하고 싶다 음음, 어쨌든 심장이 타오르는 이 느낌, 그 눈동자들이 화면을 뚫고 뛰쳐나와 심장에 꽂힐 것 같은 느낌, 장차 그 아이의 눈빛이 결국 그 여인의 아들이 되고, 그 자매들의 아버지로 연출되는 것을 보더라도, 삶은 항상 수수께끼처럼 웅크리고 앉아 우리를 응시하는 괴물이렷다!

음음
1+1=2가 아니라, 핏. 줄. 이. 땡. 겼. 다

이것저것 암호 같은 인생과 영화 속에, 스스로 침몰되어 가는 그 과정들은 내 삶의 과정처럼 모든 것이 침묵이고, 내숭이고, 묵묵함이고, 운명이고, 밀고 나가야 할 미래의 과제로서, 마침내 예술로의 승화라고 치부한 다음 음음, '그게 삶이야'라는 어느 방랑자의 묵언을 참고삼아 음음, 모든 것엔 '핏, 줄, 이, 땡, 겼, 다' 라는 명언을 삶의 지표로 삼으며 자신의 형상을 들여다보게 하였으니, 그래서 그런지 나는 그 암호 같은 말들을 좋아하고, 때로는 구상화처럼 펼쳐진 글에는 맥이 빠지는 것은 물론, 나에게도 그 여자의 인내력과 깊음 그리고 사랑, 이런 정서들이 서려 있기 때문이렷다? 근데 그 넋두리를 독자들에게 일러바치는 처절한 형식이 가슴이 아프다 아! 신이여, 신은 인간의 방패시니 내 삶을 지켜 보시사 나를 불쌍히 여기소서! 이것은 타인의 삶을 노력도 없이 대가도 없이 음음, 그래 그렇군 하며 먹고 마시고 싶지 않기 때문이렷다!

음음
1+1=2가 아니라, 핏. 줄. 이. 땡. 겼. 다

아하! 인간은 자신을 합리화시키며 자신을 살게 하는 원동력을 키워내고, 약속을 어긴 자에게는 비문이 필요 없다는 명언을 중시하며, 죽어가는 화초가 되지 않기 위해, 기독교인과 무슬림과의 소름끼치는 증오 속에서도 정체성을 찾아가고, 그 참혹함을 곱씹게 하며, 그러나 그 기억을 뒤로하고 나는 지금 포도주 기운과 검붉은촛불과 깊은 대화를 나누며 자판기를 갈지자로 두드릴 뿐, 카세트에서 흘러나오는 음악소리 정도만을 구분하고 있는 상황, 어쨌든 그 여자 나왈은 자식들의 아버지가 누구든지 그에겐 사랑이 중요했고, 아이가 중요했고, 함께 함이 중요했다고 생각하던 여자, 무슬림인과 '사랑'으로 맺어져 잉태한 주인공이 다시 '공포' 속에서 태어났던 아이들의 아버지라는 사실 앞에 망연자실할 수밖에 없던 사건, 그리스 신화에서도 기인되었지만, 오이디푸스 콤플렉스 전설은 예술의 키포인트로 남아 인간을 조롱하는 주범이렷다!

음음
1+1=2가 아니라, 핏. 줄. 이. 땡. 겼. 다

만약 내 열매가 똑 같은 상황을 연출한다면 차라리 나는 그 여자 나왈처럼 '1+1=2가 아니라, 1이라고 밝히는 것이 아니라, 묵묵히 대해大海에 한 몸을 던져 감색의 모시적삼을 휘두르고 광풍 속으로 뛰어들어, 이름 모를 무인도의 주인이 된 후 파도의 침묵으로 모든 피를 암시하리, 헛헛한 흔적을 침묵으로 남기며, 번개와 천둥 속에 의식을 침몰시키고 황폐한 이 세상에 가래침을 뱉으리, 하지만 자신 없소, 오직 엄청난 상상력으로 인간을 조롱한 감독 '드니 빌 뵈르'는 캐나다의 전도유망한 감독, 감독의 극단적인 연출 때문에 나는 인생에 대해 깊이 생각했고 많이 괴로워했다. 감독이 던진 연출로 인해 정신이 흙탕물이 되었지만, '1+1=2가 아니라 1이라'는 진실 앞에 와인을 마실 수밖에 없는 고요한 침묵, 어쨌든 감독의 극단적인 면이 나와 조금은 달라도 같은 공간에 있는 듯해 와인이 아니라 촛불이라도 마시고 싶은 순간이렸다!

음음
1+1=2가 아니라, 핏 줄이 땡겼다 핏 줄이 땡겼다.

(2015)

너분여

앞바르*
섭지코지*를 눈앞에 둔 일출봉!
그 화산 전방좌측 비스듬히 드러누워 썰물이 되면
형체를 드러내던 그 혼魂의 바다
너분여*

오조리 해녀들의 삶의 터전이던 너분여*는
시흥리 해녀들과 먹잇감을 놓고 웅성대던 섬이지만
수경水鏡을 쓴 채 먹물로 염색된 잠녀복을
둘러 입고
테왁과 비창을 무기 삼아 '이어도 사나'를 흥얼대며
젖 몽우리 봉긋한 10대 처녀를 헤엄쳐 가게 하던
그 회한悔恨의 바다

그 비바리
그 섬에 도착해 '오 호이' 하고 큰숨 들이켠 후

휭휭대는 물살을 휘가르며 양 다리 하늘로 치솟으며
잠수해 보면 태연하게 너풀대는 미역과 괴석 밑에 숨죽이고
숨어있는 소라와 성게
아니 아니 그보다 슬그머니 눈치보다 해초 속으로 몸을 숨기는
문어와 어렝이
자리돔과 우럭

이젠 정녕
회억回憶으로만 만져볼 수 있는 가깝고도
먼 시간에 불과한가

(2017)

밧줄 위에서 추는 춤

보소보소 들어보소

당신은 현재 시간을 탄력 있게 살아가고 있소이까 잠잠히 생각하면 우리는 흘러가는 밤과 낮에 지배당하고 있을 뿐 산과 바다에 따라서는 그 시간들을 연소하고 있진 않소이다 현재는 내 것이 아닌—정체불명의 목적을 향해 뒤뚱뒤뚱 건너가는 디딤돌에 불과할 뿐 우리는 그저 그 속에서 춤을 추는 무희가 아니더이까—근데 정체불명의 목적들을 구름이 설정했나이까 바람이 설정했나이까—그것은 다름 아닌 벤야민의 말을 들어보소—그것은 당신과 나의 잠꼬대라기보다는 외계인들의 프로그램에 의해 두리둥실 설정되었소이다

그래서 그런지

나를 충전시킬 수 있는 시간을 갖고 싶소이다

보소보소 들어보소

우리는 미래를 위해서라는 미명美名아래 현재의 시간을 희생하며 극본에 짜놓은 욕망—극복에 짜놓은 목적으로 설정 당해 돌아올 수 없는 강을

건너고 있을지도 모르외다 리바이벌 되지 않는 인생—누구든지 이 사실을 진지하게 받아들일 수 있는 순간이 온다면 처절하게 우리의 뇌파는 자각할 수 있나이다 나 역시 허둥대고 있음을 모르지 않고 있소이다 내 것도 아닌 정체불명의 것을 위해서 돌아올 수 없는 현재들이 썰물처럼 빠져나가고 있음을 모르지 않고 있소이다 아무렴 그렇고말고 하루빨리 깨달아야 함을 모르지 않는 중이외다 그동안 현실의 시간은 나 아닌 것을 나이게 했지만 삶을 근본적으로 충전시킨 시간들은 아니었소이다— 마당놀이 하듯 환상에 휩싸인 채 천상의 시간과 지상의 시간이 춤을 추었을 뿐이외다

그래서 그런지
나를 충전시킬 수 있는 시간을 갖고 싶소이다

보소보소 들어보소
지난여름 제주도 짙푸른 바다—그 중에서도 일출봉이 있는 성산포 근처를 여행해 보셨나이까 그 지역을 배회하다보니 성산읍 오조리 식산봉 근처 양어장에 제2의 올레길이 낭만적인 코스로 안내되고 있어 올레꾼의 발걸음을 끌어당기고 있었소이다 양어장을 가로지른 올레길 코스를 돌아보는 순간 십 수 년 전 태왁을 의지 삼아 우뭇가사리 조개 미역 문어와 소라를 채취하던 까무잡잡한 계집애가 혼탁하게 떠올랐소이다 그것은 벤야민의 시간관에 의하면 분명 야릇한 허기虛氣와 멜랑콜리였소이다 그때 화장을 하고 살아가는 무의식 저편에서—야 여자야 간간이 그 철가면 좀 벗어봐라 하며 뒤통수를 내리쳤소이다

그래서 그런지
나를 충전시킬 수 있는 시간을 갖고 싶소이다

보소보소 들어보소
바닷물이 출렁거리는 300호戶도 안 되는 눅눅한 마을—바닷물의 소금기와 제주 햇살의 강렬함을 자궁에 끌어안았던 그 곳—느닷없이 내리치던 천둥과 번개 속에서도 표정 없는 비바리처럼 20년 가까이 살았으니 그 마을을 내 삶의 영역에서 접을 수 있겠소이까—이제 그 고향을 찾아가 해산물을 채취한 망사리 자락까지 뚝뚝 잘라 남은 삶을 항해하게 해줄 태왁 만을 의지하고 정신력 하나 둘러메고 검푸른 바다를 질주해 보겠나이다 아니 아니 그보다 대양의 노마드nomad처럼 무인도를 방랑하는 모켄족처럼 검붉은 바다를 유랑하며 존재의 정체성에 대해 명상하는 시간이라도 가져 보겠나이다—그동안 고향을 떠나 앞만 보고 달려온 삶에 후줄근하게 지쳐 사람의 냄새가 남아있지 않아 가슴이 쾌쾌 하나이다

그래서 그런지
나를 충전시킬 수 있는 시간을 갖고 싶소이다

보소보소 들어보소
나는 나도 모르는 사이 무의식 속에 잠재된 이상理想 세계에 유혹 당해 순수한 것 같으면서도 가면 쓴 인간 투명한 것 같으면서도 불투명한 인간에 불과했을 뿐이외다—마소 마소 탓하지 마소 창파滄波를 배회하던

제우스 형상의 독수리가 이름 모를 존재를 낚아채어 지상낙원이라는 곳으로 안내하겠다며 창공으로 날쌔게 날아갔으니 누구인들 그 날개를 빠져나올 수 있겠나이까 하지만 삶의 본질을 잊을 순 없지 않소이까—벤야민의 시간 철학을 음미하지 않더라도 꿈과 양심은 사람을 살아가게 하는 원동력이 아니오리까—늘그막에 가서라도 자박자박 고향을 찾아가 고개를 푸욱 숙여야 들어갈 수 있는 오두막집이라도 마련해 출렁이는 마음을 곱게 다스리며 차라리 벌레처럼 살아가고 싶소이다 바람도 구름도 따라 올 수 없는 낙원으로 도망쳐—잃어버린 것들에 대하여 나름대로 성찰하며 하잘 것 없는 존재일망정 미래의 초상화를 구체화시키고 싶소이다

그래서 그런지
나를 충전시킬 수 있는 시간을 갖고 싶소이다

보소보소 들어보소
어느 날 문득 당신도 시간의 잔인함에 머리를 파묻어 보셨나이까 나 역시 벤야민의 허무주의가 심중에 잠재해 있기 때문인지 의식 없이 흘러가는 시간들이 구토가 나도록 황홀하나이다—1년 전만 해도 팔팔하던 어머니가 이젠 걷지도 못한 채 방구석에 누워 계시다니 아하 그러나 몇 년 전 한국문협 제주지부장 강중훈 선생이 고향마을 오조리에서 전국문학인대회를 개최했으므로, 그때 이 어자도 초청받아 김우종 교수님과 윤재천 교수님을 모시고 대회에 동행한 적이 있었소이다—그나마 그때 그 시간이 양식이 되고 있소이다—그래도 나의 어머니는 당시 일흔여

덮이었지만 그 교수님들을 시골집으로 초대해 60년대에나 볼 수 있었던 양철밥상을 꺼내어 원시적 모습으로 아침 식사 한 끼 대접해 드렸으니, 노인네들 셋이 소통하는 그 광경은 인간의 아늑한 원초적 풍경으로 다가와 삶의 행간마다 한 편의 인생극이 기웃거리는 느낌이 들었소이다

그래서 그런지
나를 충전시킬 수 있는 시간을 갖고 싶소이다

보소보소 들어보소
그 분들이 이제 구순을 바라보니 이 시점에 오조리에 위치한 올레길이 그때 그 시간들과 잠시라도 겹쳐지지 않겠소이까—나는 어쩌면 꿈에서라도 이름 모를 벌레가 되어 고향마을 모퉁이에 쭈그리고 앉아 웅웅거릴 때도 있겠지만 그때 문학인대회 시간들이 기억의 장場으로 내장되고 있어 그나마 나에겐 다행이지 않소이까 어쨌든 현대수필이라는 곳, 내가 이곳에 발을 디딘 지도 20년이 넘었소이다 지금 이 시기에 이곳으로 온 것이 아니라—43세 때 현대수필과 인연이 되었으니 삶에 있어 의미 있는 시간들을 이곳에서 보낸 셈이 아니더이까 긴 세월 살아오면서 어느 곳에서도 이곳에서의 땀 흘림처럼 100% 200% 몰입한 적 없으니 텅 빈 순간들이 엄습해 오는 날엔 고향바다를 그리워하며 춤이라도 추고 싶지 않겠소이까—보소보소 요동하고 요동하고 세상이 요동하고 스러지고 스러지고 열정이 스러지고 쇠진하고 쇠진하고 스승이 쇠진해가고

그래서 그런지
나를 충전시킬 수 있는 시간을 갖고 싶소이다

보소보소 들어보소
내 생각마저 원시적 시간들을 사모한 탓에 험한 세상에 태어나서 평온한 삶은 무엇일까 고민하던 중—그것은 다름 아닌 벌레처럼 살아가는 것 벌레처럼 살아가는 것—그 결과 고향마을에 벌레들이 심호흡할 움막 한 채 마련했으니 이것은 생애에 있어 네 명의 아이를 낳아 노심초사하는 것만큼 권위와 애정으로 뭉쳐진 남편을 만나 시시콜콜 생애를 수놓는 것만큼 운명적으로 대大 스승을 만나 잡문에 가까운 글을 쓰는 것만큼 표적 중 표적이 아니고 무엇이겠소이까—이젠 비록 내 고향 족지(냇물) 근처에 20미터 높이 팽나무가 없어 제물로 바쳐질 돼지들이 나무 꼭대기에 매달려 고함을 지르지 않더라도—돼지가 숨이 끊어진 후 퉁~ 하고 바닥으로 떨어져 공허의 피바람을 토해내지 않더라도—삽시간에 털이 뽑혀지고 부위 부위가 슥슥 갈라지며 슬프도록 청청한 시냇물에 피[血]바다를 이루지 않더라도—환상 속에는 그 옛날 그 흔적이 보물처럼 잠재해 있다 삐죽삐죽 튀어나오고 있으니—나의 정체성 역시 그 옛날 비바리의 무의식—아니 아니 그보다 오조리에 몰입된 여자라는 것을 누가 부인하겠소이까

그래서 그런지
나를 충전시킬 수 있는 시간을 갖고 싶소이다

보소보소 들어보소

나는 출생의 환경부터가 허접했음은 물론 글을 쓴다 하면서도 아웃사이더에 불과하나이다 게다가 과일 하나 모양 나게 깎을 줄도 모르고 그 흔한 골프부킹에도 도전해 보지 못한 왼손잡이 콤플렉스가 있지 않소이까 그 뿐만 아니라 덜렁덜렁 덜렁거리는 불완전한 존재가 아니더이까 암암 그렇고말고 어디 그 뿐이오리까 삶의 행간에 묻어버리고 싶은 형체 없는 시간들은 어떡하구—학교교육까지도 헉헉대며 짜깁기 교육들을 받아 왔으니 비천한 여자의 무의식이 뼛속 깊이 짓눌림 당해 숨이나 쉴 수 있었겠나이까 그러나 그게 삶의 에너지였소이다 충만한 삶과는 거리가 멀지만 그게 삶을 가동시켜 주는 엔진이 되었고 허기(虛氣)를 보양해 주는 원기(元氣)가 되었소이다—그 속에는 화려한 분노가 웅크리고 있어 글을 쓰는 여자로 변모되었고 채워지지 않는 공허만이 완전함과 불완전함의 경계선에서 뛰어놀다 퍼즐놀이를 즐기게 했으니—안개 같은 시간 속에 발뒤꿈치까지 꼭꼭 숨겨 세상을 이 모양 저 모양 응시하던 여자가 아니고 무엇이더이까

그래서 그런지

나를 충전시킬 수 있는 시간을 갖고 싶소이다

보소보소 들어보소

충만치 못함이 생명력이 강해 살고자 하는 의욕이 강하기 때문이오리까 결과보다 과정을 사랑한 결과 주어진 삶을 치열하게 살아왔기 때문이더이까 그러다보니 하나님도 수천 리 수만 리 멀어져 있었고, 친구들도

멀리서 응시할 뿐 좀처럼 말이 없었나이다 이것은 내게 있어 천상과 지상을 통해 사랑하던 것들을 잃어버린 대大사건이 아니더이까—그 결과 지워버릴 수 없는 눈망울들이 꿈속에서 뛰어놀고 있으므로 씁쓰레한 무의식은 팽나무 위에서 아우성치던 돼지들의 형상과 크게 다르지 않소이다—나 이제 본질적 세계로 돌아가 사람처럼 살아가며 흙냄새를 맡을 기회가 온다면 진정 존경하던 그 눈망울들을 심장 한복판에 성스럽게 초대하여 회포의 글이라도 쏟아 내겠소이다 펑펑—그때 비로소 시간의 춤사위가 신실한 초상화肖像畵라도 그려내지 않겠소이까

그래서 그런지
나를 충전시킬 수 있는 시간을 갖고 싶소이다*

(2014)

* 태왁: 해녀가 해산물을 캐낼 때 수면에서 몸을 의지하거나 헤엄칠 때 사용하는 부유浮游 도구.

* 망사리: 해녀들이 채취한 해산물을 넣어두는 그물망으로 '태왁'에 매달아 한 세트를 이룸.

* 족제: 마을 근처에 있는 청청한 시냇물

아이 엠 러브, 그 영화

남편은

신발을 신겨주고

아내는 맨발로 집을 뛰쳐나간 그때 그

스크린!

광화문에 위치한 '시네큐브'.

영화관을 빠져나오면서도 관객들은 무거운 침묵으로 일관, 서로의 감정에 침해를 끼칠까 봐 입을 꼭 다물었다. 나 역시 목도리가 떨어진 줄도 모르고 무섭게 침묵하며 영화관을 빠져나왔다. 이빨로 인해 마음이 상했지만, 몇 시간 전 그 사람과 포장마차에서 어묵을 먹던 모습과는 달리 침묵 속에 매몰된 채 아무 말도 하지 않았다.

그 무엇이

그 무엇에 대한 위력이,

그들 남녀를 동굴 속에 포개져 있게 하는가에 엉거주춤할 뿐 서로가 겸연쩍어 고개를 돌리고 말았다. 화면 속에 빨려 들어가듯 연속되던 반전, 좌충우돌 윙윙대며 출렁대던 그 스크린, 무서운 감정의 소용돌이들, 상식과는 훨씬 비켜나가 소름이 잔뜩 끼쳤으나 한편으론 애잔하면서도 고혹적인 영화 「I Am Love」….

「아이 엠 러브」는 우선 '사랑이 나를 기억할 때'라는 부제로 무게를 담고 있다.
채털리 부인의 걷잡을 수 없던 헛헛함도 아니고,
정부情夫를 간수하기 위해 빚 때문에 끙끙대던 보바리 부인의 삭막한 욕망도 아니고,
그럼 「아이 엠 러브」 엠마의 욕망은 사랑이었을까 욕망이었을까.
하기야 엠마는 묵중한 벽층 사이에 끼어 숨이 막혀 신음하면서도, 그 가문의 가풍에 짓눌려 목이 잘린 꽃잎처럼 시들어가는 여인이긴 했다. 엠마는 예술품 수집 차, 러시아로 온 밀라노의 상류 재벌가 탄 크레디를 만나 결혼한 후 고향 땅을 밟은 적이 없는 여인이다. 자신의 이름조차 발뒤꿈치에 묻어둔 그녀는 고향이 그리울 때면, 어릴 적 할머니께 배운 러시아 수프 '우하'를 만들 뿐이었다.
그러나 엠마의 시댁은 누구든지 숭배하는 최상의 삶을 살았지만, 서서히 풍랑이 일기 시작했고 자신이 존재 이유였던 자녀들이 성장해 제 짝을 찾아가자, 텅 빈 저택에 혼자 남은 그녀는 적막함을 느끼게 된다. 죽음 같은 삶 속에서 허둥대던 중 아들친구인 요리사 안토니오가 만든 음식과 그의 인간적인 모습에서 삶을 느낀 뒤 그 남자의 매력에 빠져들게 된다

그렇다고 그렇게,
세상에 그 정도 상황에 처하지 않은 여자가 누가 있으리오.

뭐라구? 순수하고 가식 없는 게 인간의 본성이라구? 아니면 본성을 드러내는 것 자체가 예술로 위장된 창작 세계라구?
모르겠다 모르겠어.
영화를 관람한 관객들의 감정의 행방은 어디서 어떻게 방황하고 있는지, 그것도 각자가 풀어나갈 한 토막 삶의 표정에 불과하다구. 그래 침묵하자 차라리 침묵하자 음음. 어쨌든 그녀는 자신으로 인해 아들을 잃었음에도 자유를 향해 앞으로만 달려간 여자. 박제된 암캐처럼 살아온 상류층 부인이 갑자기 자기 정체성에 눈을 뜨며 저택을 뛰쳐나가 색다른 캔버스에 낯선 그림을 그리던 여자.

하지만
가정이라는 거대한 성城이 무너지기까진 그 징후가 없진 않았다.
이태리와 러시아의 문화충돌, 그리고 주춧돌인 할아버지가 돌아가시게 되자 가문의 전통성과 비전통성의 괴리현상이 춤을 추고, 전통을 고수하는 아들과 레즈비언인 딸의 대립감정 모순으로 다가오며, 그 영화는 관객들에게 긴장감을 선사하며 불륜드라마를 예술영화로 끌어올렸으니 수확이 아니고 무엇일까.

정사情事가 발각되자,

"…!"
"미안해, 당신이 알던 내가 아니야." (아내)
"당신도 예전부터 나에게 존재하진 않았어." (남편)

"…."

음음 그녀는 자신으로 인해 아들이 죽었음에도, "내가 잘못했어"라는 대답 대신 참혹한 주장으로 남편과 대응하며, 막장 영화를 넘어 예술작품의 주인공이 되었으니 감독(루카 구아다니노)과 주인공 엠마(틸다 스윈튼)의 광적인 '끼'는 영화 역사에 머물고도 남음이 있다.
설 연휴를 감당할 수 없어 무심코 관람하게 된 영화가 꽝~ 하고 쇠망치로 뒤통수를 내리치며 전율까지 느끼게 했으니 우울증에 시달리며 연휴를 보냈지만 그런 대로 견딜 만한 연휴였다

50세 후반의 여자가 몸뚱이와 젖가슴이 찐 인삼 같던 그 몰골로, 그것도 20대 아들친구를 유혹해 속옷까지 훌훌 벗어던졌으니, 어쨌든 상식을 극복하며 그 영화를 예술작품으로 끌어올렸으니 영화 중 영화가 아닌가.
관객들의 숨소리조차 온전히 초죽음이 되고 말았다.
영화관 영상물을 통해 한 여자의 정체성을 추적해가는 과정들은 참으로 잔혹했다. 엠마 역을 맡은 틸다 스윈튼의 그 침묵과 그 표정 역시, 수많은 대사보다 한편으론 참담했다.
어쨌든 냉수도 100° 로 끓은 후 시간이 지나면 원점으로 돌아오는 게 상식이지만, 그녀는 마지막 장면까지 대大 클라이맥스를 연출하며 꿀통에 빠진 노숙자가 되었으니, 안토니오와 선악의 형상을 짊어지고 동굴 속에 있었으니, 그들의 두 눈동자가 그 어느 때보다 광채가 흐르고 있었으니.

당신인들 할 말이 있겠는가 할 말이 음음…. (2016)

제주해녀, 유네스코무형문화재

지금 제주에는 산업화가 진행됨에 따라 예부터 전해오던 3무無 — 도둑과 거지, 대문이 없는 것이 무색하다할 만큼 문화가 변해간다.

운명에서 도망치지 않은 채 오랜 세월 해녀로서의 삶을 영위해 왔던 우리들의 어머니는, 오로지 '이어도'라는 이상향만 남겨 놓고 저물어 가고 있다.

'저승에서 돈을 벌어 이승에서 쓴다'는 해녀들의 속담이 있듯, 제주 여인들은 물질을 벗 삼아 가정을 꾸려왔다. 음력 2월이면 바다를 관장하는 영등신에게 매달려 영등굿을 하기도 하고, 인간을 압도하는 바다와 타협하며 안전과 풍요만을 기원했다.

지금의 해녀들은 고무 옷을 입고 잠수를 하지만, 우리들의 어머니는 광목에 감물과 먹물로 염색된 물옷을 입고 숨비소리 벗 삼아 파도와 싸우며 해산물을 채집했다. 그 작업은 자녀의 교육비와 가족의 생명줄이 되었고 제주의 터전을 만드는 데 뿌리가 되기도 했다. 물질작업은 제주도, 육지에서만 아니라 일본과 러시아, 동남아까지 원정 작업을 가야할 만큼 경제적 원천이 되었던 것이다.

지금은 제주도의 자부심이던 해녀가 사라져가고 있다.
문헌을 보면 해녀의 기원이 원시시대부터 시작되었지만, '제주도' 하면 꿈을 꾸며 파도와 싸워 온 해녀들의 '이어도 사나'라는 영靈적 흥얼거림이 있어, '섬'으로서의 마력을 지니는 데 손색이 없었다.

이건李健이 지은 '제주풍토기'에 제주 해녀의 생활상이 묘사되어 있다. 그들은 관가官家나 오리汚吏에게 수탈을 당하며 비참한 상황을 보여주기도 했지만, 제22대 정조 임금은 그들의 잠수질을 안타깝게 여겨 해산물을 먹지 않을 정도였다니, 백성을 사랑하는 임금의 마음은 제주도가 존재하는 데 큰 힘이 되었음이 분명했다.

'해녀로 태어나느니 소로 태어나는 것이 낫다'는 속담이 아니더라도, 옛날부터 제주 여성들은 밭에서 김을 매다가도 썰물을 기다려 물질을 가야 했으니 강한 어머니가 되지 않겠는가. 그 정신력은 제주도에 해녀축제, 해녀학교, 해녀박물관을 짓게 했고, '제주해녀'라는 고유명사는 유네스코무형문화재에 등재되지 않았는가.

(2014)

들불축제, 현대가 융합된 전통문화

제주시 애월읍에 있는 새별오름 일대에서 들불축제가 거행된다.
정월 대보름을 맞이해 선조들의 목축문화를 재현하며 평화와 안녕, 풍월을 기원하던 축제는 한국을 뛰어넘어 일본과 중국, 독일과 미국까지 번져간다.
선조들이 가축방목과 해충을 예방하기 위해 묵은 풀을 없애려고 겨울산에 불을 놓았던 것이 제주 전통문화로 계승되고 있다.

현대감각에 맞춰 재현된 들불축제는 예술 그 자체였다.
지난해 '말라버린 풀을 말끔하게 태워 봄에는 새싹을 틔우는 행운을 맞이하고, 과거의 아픔과 갈등도 들불과 함께 태워 세상을 변화'시켜 나가는 데 목적이 있다. '응어리진 것을 남김없이 태워 하늘로 날려 보내고, 하루 속히 겨울잠에서 깨어나 희망에 찬 새해를 맞이하라'는 의미도 서려있다.

새별오름은 고려시대 최영 장군이 목호牧胡를 무찌른 전적지로 유서 깊은 곳이기도 하다. 묵은 때를 씻어내듯 새별오름을 태우기 위한 횃불

점화와 성화聖火를 한 후 진행되는 횃불 대행진은, 불씨를 훔쳐다 인간에게 생명력을 잉태시킨 신화 속의 프로메테우스까지 떠오르게 한다.

불꽃이 타는 광경은 제주도민과 한국인, 세계인의 통합을 위한 염원이고 기원제다. 열린 무대에서 펼쳐지는 여러 장르의 문화제도 성공기원 콘서트로 발산되고, 세계를 향해 뿜어내는 제주희망 메시지도 붉은 불꽃처럼 거침없이 타오른다. 젊은이들의 전통문화 사랑, 수십 만 명이 함께하는 축제의 뜨거움은 새별오름을 태워가는 불꽃의 에너지와 다를 바가 없었다.

이처럼 들불축제는 신명나는 시간으로 어느 나라에서도 볼 수 없는 세계적인 제주 전통축제다. 행여 폭풍의 언덕이 연상될까 걱정할 때도 있지만, 대부분 날씨까지 원만해 매년 참석해도 좋을 만큼 가슴이 두근거린다. 우리 민족과 세계인이 함께하는 장소, 너나없이 제주음식을 음미하며 힐링하는 장소, 삼다의 혼魂이 눅눅하게 녹아있는 현장을 체험하기 위해 세계 각국에서 몰려드는 인파人波를 볼 때, 그냥 그 자체로 예술이 아닐 수 없다.

(2015)

제주도, 정신의 쉼터

흐르는 섬, 언제나 그곳을 향하는 마음에는 희비가 깔려있다.

마그마처럼 미묘한 아이러니를 맛보려고 고향으로 문학기행을 떠날 수 있는 것은 특혜가 아닐 수 없다. 고향에는 조상의 벌초부터 시작해 가족 행사가 만만치 않아 일년에 수십 번 왕래하지만, 풍랑 이는 마음으로 그곳을 방문하여 고향 문인들과 함께 할 수 있었다는 것은, 문학을 한 덕택이다.

제주문화답사는 국제펜클럽한국본부 전국 회원들이 함께 하는 자리라서 의미가 깊었다. 문학기행은 이상문 이사장님을 비롯해 여러 부이사장님, 성춘복 선생님, 그 외에도 많은 문인들이 참석하여 제주 문인들과 함께 할 수 있어 축복의 순간임이 분명했다.

늘 침묵의 섬으로 존재하는 제주도를 작가적 관점에서 접할 수 있어, 정신세계를 지배하는 사고思考의 폭, 역사의식의 폭을 높이는데 도움이 되어 중요한 답사였다.

눈으로 보는 문학기행, 이성理性이 개입된 문학기행이 아니라 정신으로 느껴 가슴으로 쓰다듬는 문화답사, 울먹이는 혼魂의 아우성까지도 감지할 수 있는 여행이었다고나 할까.
제주공항에 도착하자 제주지부 선생님들이 버스를 대기시켜 우리 일행을 조천읍 봉개리에 위치한 4·3공원으로 안내했다. 수많은 원혼들이 마음을 우울하게 하며 1948년 발발한 4·3사건을 연상시키기 시작했다. 나의 친정집도 그 사건의 피해자였으니, 느끼는 감정은 남과 다를 수밖에 없었다.

지금 이 시점에 목소리를 높이며 그 사건에 대해 흑백을 논할 수는 없고, 바윗돌이 구멍이 나더라도 한 순간 휘몰아친 태풍처럼 그것은 제주인의 운명이고 가족의 운명이고 나라의 운명일 수밖에 없으므로, 아하! '제주인의 모진 역사가 그곳에 묻혀 있었구나' 생각하면, 그것도 그냥 답사지의 한 코스에 지나지 않지만 생각이 많아졌다.

척박하고 잔인하고 쓸쓸한 이미지로 각인된 제주도라 할지라도, 방패막처럼 그곳을 지켜가는 후손들과, 글로벌 시대가 된 이 시점, 북적되는 국내외 관광객이 그 섬에 잠재된 문화재를 정신적 보고寶庫로 삼고 있으니, 제주도는 그 어디에서도 카피copy 불가능한 창조의 섬으로서 예술박물관이 아닐 수 없다.
유럽과 동남아도 나름대로 그 특색이 광대하여 정신세계를 살찌워 가지만, 조용하면서도 정기精氣가 가득한 제주도, 에너지가 넘치는 제주도는 답사를 통해 물아일체物我一體가 되고, 그 문화유산의 진가를 알게 하는 곳임을 이번 여행에서 더욱 실감할 수 있었다.

로마신화의 '가이아Gaer 여신만 기억할 게 아니라, 제주를 창조한 신으로서 제주여성의 상징으로 떠오르는 설문대할망, 김만덕 여사의 기아飢餓 구제사업—신화와 역사 속에 자리매김한 여인의 정신들이 제주인의 뿌리가 되고 있어 자랑스러웠다.
지금은 노쇠했거나 세상을 떠났지만, 4·3사건 후유증으로 지아비를 잃고 가정을 끌어가던 제주 여성들도 그 정신을 이어받은 세대로서, 그들의 눈물겨운 한을 헤아려보지 않을 수 없었다.

문학기행은 작가들의 정신을 살찌워 주는 데 모자람이 없었다.
함께한 문인들도 진지하면서도 사연이 많았고, 이성적인 듯 하면서도 감성적이었으며, 친구관계, 사제지간, 형제애 같으면서도 답사에 열중하는 몰입의 순간에는 광기까지 번뜩였다.
고귀한 인연들, 고향 오조리 제2 올레길에 위치한 바닷가를 거닐며 문우들과 정감을 나누지는 못했지만, 펜클럽 제주지부 회장으로 있는 강중훈 시인의 펜션, '해 뜨는 집'에서 파도의 밀어를 들으며 바비큐와 와인으로 좋은 시간들을 가졌으니 무엇을 더 바랄까.

그러나 4·3사건의 피해자로 남과 다른 상처를 입은 강 회장의 아픈 흔적들이 이곳저곳 새겨진 것 같아 마음이 눅눅하긴 했다.
파도를 휘가르며 우두커니 서 있는 일출봉, 그 근처 광치기 해변을 바라보니, 4·3사건 당시 그곳에서 빗발치던 총살에도 유일하게 살아난 역사의 주인공을 새겨보지 않을 수 없었다.
나의 어머니는 당시 적군의 총살을 피해 살아나서 아버지와 결혼해 4남매를 낳았지만, 축복인 그 '살아남'은 아버지의 의심증을 유발시키는 계기가 되었으니, 어떤 것이 참된 삶인지 헤아릴 수가 없다.

"그곳으로 끌려 나간 사람 중, 대부분의 사람들이 전부 총살당했는데 당신이 살아난 이유가 뭐여?"
입씨름은 어릴 적 부모님과 한방에 잤던 내가 새벽녘 잠을 깨고 마는 이유가 되었기에, 그 상처가 대물림이 아니고 무엇인가.
광치기 해변에서 당시 한 번에 수십 명씩 세워 총살시켰으나, 시간이 지나자 꿈틀댄 사람도 있어 그때 살아난 여인이 열일곱 살 처녀, 나의 어머니다.
총알을 피할 수 없어도 비극, 총알을 피해 목숨을 부지해도 상처로 남던 구질구질한 사건, 더구나 아버지께서는 할아버지까지 그곳에서 생명을 잃어 4·3사건의 피해는 시간이 지나도 피울음으로 웅성대며 머리가 복잡할 수밖에 없으니, 그 또한 비극이다. 4·3사건의 계기와 역사를 이제 곱씹고 싶지도 않다. 그냥 소시민으로서 주변에 들이닥친 소소한 후유증만이 나에겐 사건이고 아픔이다.

제주도는 애환의 섬이 아닐 수 없다.
답사 중에도 모든 것이 흐르고 흘러 까마귀 울음소리까지도 '재수 없는 감정' 차원을 뛰어넘어 예술적으로 승화된 탓에, 선인들의 한恨과 울부짖음도 경계선을 초월하며 '속삭임'으로 다가왔다.
나는 제주도를 사랑한다. 고대광실이 아니라, 무너져가는 초막에서 벌레처럼 살아가더라도 제주도 특유의 문화와 그 잠재력에 취해 있기를 좋아한다.

사진작가 김영갑이 생전에 작업하던 작업실 앞 '감나무 밑'에 고요한 영혼으로 잠든 것처럼, 나도 어느 시점에 가서 남은 삶의 로망을 말하라고 한다면 무언가 한마디 토해내고 싶다.

'제2 올레길'을 둘러싸인 바닷가에 조촐한 넋으로 휴식하기 위해, 먼 훗날 '물새'로라도 다시 태어나고 싶다라고….

(2015)

숲을 이루는 사람들

사막 속에서 헤맬 때 그 목을 축여주는 대상은 무엇인가.

거실엔 조그마한 어항 한 대가 설치되어 있다. 어항 속에는 큰 물고기, 작은 물고기를 포함해 여러 종류가 제멋대로 헤엄쳐 다닌다.
하루는 꼬리와 지느러미가 잘린 고기들이 헤엄치는 것을 포기한 듯, 휘청거리고 있었다. 큰 고기들은 여전히 활발하지만 여느 때와는 달리 공격성을 지닌 채 작은 고기를 쫓아다니며 꼬리를 쪼아 먹었다. 무언가 광증에 시달리는 것처럼 안정을 취하지 못하고 있었다.
둥둥 떠오르는 작은 물고기들과 그 주검들….

'왜 그럴까' 고민하지 않을 수 없었다. 가만히 살펴보니 어항 속에는 수초水草가 없었다. 어항 속을 파랗게 장식했던 수초들이 어항 물을 갈아주다가 며칠 동안 빠진 채 방치해 있었다. 그 속은 그냥 어느 정도 모양은 갖췄지만 모래만으로 허옇게 장식된 사막 속 수족관에 불과했다.
재빨리 수초를 구입해서 그 속을 환상적으로 장식해 보았다. 수족관 속은 무릉도원처럼 환원되어 물고기들의 안식처인 꿈의 보금자리로 변하게 되었다.
공격성이 사라지고 서로가 유유자적하게 헤엄치며 수초 속에 숨어 새끼까지 낳기 시작했다. 큰 고기와 작은 고기들이 스킨십을 하고 숨바꼭질을 하며 활발하게 살아가는 모습으로 변했다.
인간이 아닌 물고기들도 황폐한 환경에서 헉헉대다 그 질푸름 하나로 생명력을 되찾다니.
“아하! 바로 이것이로구나! 삶이라는 괴물이….”

근데, 인간과 자연의 보이지 않는 관계는 언제까지 먹고 먹히는 관계로 치달을 것인가. 지금 이 시점에 사람도 울부짖고 자연도 그 내장內藏을 드러낸 채 통곡하고 있다.
서로가 서로의 힘을 과시하며 겨루다가 기진맥진한 채 내동댕이쳐 있다. 순리를 거슬러 올라간다는 것, 그것은 비전을 꿈꾸는 도전이라기보다, 아담과 하와가 에덴동산에서 선악과善惡果를 따먹은 현상과 다르지 않았다.
인간은 예측불허의 재난 앞에 쭈그리고 앉아 부르르 떨고 있다.
지구상에 존재하는 모든 것이 이젠 먼 옛날 신화가 재현이 되듯, 예언의 가능성을 숙지하고 싶은 충동이 생기듯, 하늘에서 유성이 예측 못할 곳으로 떨어지는 그 순간이듯, 우리들의 관계와 관계도 그 위협에서 벗어나지 못하는 순간이다.

현대문명이라는 괴물의 하수인이 되어 인간의 마음도 강팍해져 벌거숭이가 되고, 인간에게 시달리는 자연도 이젠 분노를 지연시키지 않는 현실이다.
무지한 사람이 타인에게 상처를 주듯, 그 심안心眼이 열리지 않아 자연 위에서 군림하는 홍두깨비가 되어가고 있으니 아하, 삶이란!
그러나 그 상처를 치료하는 자도 결국 상처를 준 당사자가 아니던가.
이것으로 볼 때 자연보다도, 신神보다도, 그 우위에 앉아 군림하는 괴물이 인간이란 결론이다.

하지만 신께 기도할 수 있는 것도 인간이고, 자연의 위태로움을 회복시킬 수 있는 것도 인간이므로 인간은 만물의 위로자와 그 치유자, 이제 너와 나, 신神의 상처와 자연의 상처를 치유하기 위해 수술대 위에서 춤을 춰 보자.

너, 순수로 돌아가는 지구인이 되어!
나, 순수로 돌아가는 지구인이 되어!

그러나 지금 이 순간 내 자신을 지배하는 것은 다름 아닌 글쓰기, 그 중에서도 주체가 되고 있는 수필을 배재할 수가 없다.
수필을 창작하기 위한 에너지와 그 조건도 나름대로의 숲이기에 그날을 기념하는 '수필의 날 행사'에 대해서도 자연을 복구하기 위한 마음처럼, 절절함이 없지 않았다.
그렇게 의미 있는 날, 가정 시정으로 인해 그 한계선과 싸워서 무릎을 꿇지 않았던가. 처해 있는 한계선을 극복하는 마음과 그 열정이 중요한데 실수 중의 실수를 범하고 말았다.

그러나 그날을 기념하기 위해 노력을 많이 했던 선생님들과 문우들은 나를 살게 하는 짙푸른 숲이나 다름이 없고, 그 숲이 있었음에 또 다시 기력을 회복하며 스스로의 열정을 다독여 나간다.
그들의 노고가 아니었으면 우리 수필계는 지반地盤이 없는 흙산이나 민둥산과 다를 바 없는 것, 그래도 그들이 근사한 산을 만들어 청청함을 이루며 쉬게 해 주었으니, 나에게는 또 다른 모양의 숲의 개념이다.

자! 이제, 인간과 자연처럼, 물고기와 수초처럼, 사막과 오아시스처럼, 서로의 영혼이 폭 잠겨 뛰어놀 수 있는 천지天地를 만들어, 멸하지 않는 이상향을 창조해 나가야지.

에덴동산 이전以前, 그 시간으로 돌아가길 원하는 매미의 울부짖음처럼….

(2012)

경주, 신라 천년의 고도古都

매년 이 계절이 되면 연례행사로 치러지는 행사가 있다.
한국문인협회 수필분과에서 주최하는 '수필의 날' 행사다. '수필의 날'은 한국수필학회 회장 윤재천 교수님께서 10여 년 전 선언하긴 했지만, 범수필적인 차원에서 그 행사를 기념하기 위해 2007년—7회째부터는 한국문인협회 수필분과로 위임된 행사이다.

여러 가지로 볼 때 '수필의 날' 행사는 현대수필에서도 때론 염려될 때가 있다. 주최측 회장님과 선생님들의 노고에 비하면 우리는 참석만 하는 입장이라 많은 도움을 드릴 수는 없지만, 그래도 날씨, 참석인원까지도 무의식적으로 염려되는 것을 보면, 현대수필도 '수필의 날' 행사와는 전혀 무관할 수가 없다.
금년에는 행사장소가 경북 경주시로 지정, 경주시의 배려와 한국문인협회 경주지부의 수고로 이루어져 더욱 의미 있는 행사가 될 수 있었다. 400여 명의 수필가들은 경주의 역시와 그 신비로움을 바라보며 1박 2일의 여정을 보낼 수 있었으므로, 그 잔치는 전국에서 오신 수필가들과의 만남의 장소가 되기도 했다.

날씨가 무더워 여행하기에 쉽지 않은 부분도 있긴 했지만, 조선시대 연암 박지원도 청나라를 여행하며 일신수필을 쓸 때 땀을 흘렸을지도 모른다며 양동마을을 걷기도 했다. 그러나 무더위를 이기기 못해 힘들어하는 선생님도 없진 않아 아쉬운 점이 있긴 했다.

그렇지만 그것이 문제가 되랴.
우리는 오랜만에 천년 신라의 문화와 그 기氣를 품은 경주에서 귀한 에너지를 흠뻑 마실 수 있었다.
불국사, 석굴암이 중·고등학교 때 수학여행지로 각인된 것이 경주를 기억하는 요인이기도 했지만, 이번 행사를 통해 경주 문화를 넓고 깊게 접할 수 있었던 것은 행운이 아닐 수 없다.
시민회관에서 행사를 마치고 문화답사지로 선정된 '안압지'는 사람의 마음을 신비의 세계로 끌어가며 신라시대의 면면을 살필 수 있도록 안내해 주었다. 경주 문화의 이미지를 듬뿍하게 담은 연꽃단지 전경, 안압지에 전시된 유물들이 대미를 장식하며, 그 당시 사회풍습을 이해하는 데 도움을 주었다.

안압지의 야경夜景은 판타지 속에 등장하는 요정의 숲길 같기도 했다. 밤풍경은 근엄하여 눈부신 향연을 베푸는 가운데 조용한 혁명이 일어날 것 같았고, 천년 역사 속에서 느끼게 되는 희열은 구원받지 못한 영혼이 천상으로 올라가듯 황홀, 현실에서조차 간간이 연옥의 세계를 헤매는 나에게도 평온함의 순간, 구원의 순간으로 찾아오기도 했다.
신라시대 왕들의 풍류도 곡주냄새를 풍기며 떠올랐으므로, 환상을 통해서라도 그 시대로 돌아가 무희가 되어 춤이라도 추고 싶은 충동까지 일으키게 했으니, 의미 있는 여행이 아니고 무엇이랴.

연꽃단지는 676년 신라가 당군을 몰아내고 삼국을 통일하는 과정에서 국제적인 문물, 선진적인 문물에 눈을 뜨게 하기 위해 축조된 것이다.
그러나 조선시대에 들어와선 방치되어 있었으나, 기러기와 오리 떼가 몰려들어 연못 터가 재차 생기를 찾게 되었다니, 그 에너지도 무시할 수가 없다.
이제 안압지 연꽃단지가 경주의 전설적인 이미지로 각인되며 문화중심 지역으로 뻗어나가고 있으니 무엇을 더 바라랴.

연꽃은 중국 북송시대 주돈이가 '애련설'에서 연꽃을 꽃 가운데 꽃, 군자라 칭했으니, 그 꽃은 어떤 꽃보다 순결해 풍파에 얽매이지 않은 풍모를 지녔다.
그러나 그 꽃을 군자의 상징성에만 머물게 할 수는 없다.
군자는 화장실에도 가겠지만, 연꽃은 그와는 비교되지 않을 측량 불가능한 정신세계를 지니고 있다.

그 세계를 살펴보면,
연꽃은 진흙 속에서 자라면서도 절대 그 흙에 물들지 않는다는 이제염오離諸染汚의 의미, 물이 연잎에 닿아도 그대로 굴러 떨어진다는 불여악구不與惡俱의 의미, 그 꽃이 피면 물속의 시궁창 냄새는 사라지고 향기가 연못에 가득하다는 계향충만戒香充滿의 의미를 지니고 있지 않은가.

연꽃은 어떤 곳에 있어도 푸르고 맑은 줄기와 잎을 유지한다는 본체청정本體淸淨의 의미, 그 꽃의 모양은 둥글고 원만하여 보고 있으면 마음이 절로 온화해지고 즐거워진다는 면상희이面相喜怡의 의미, 그 꽃의 줄기는 부드럽고 유연하여 좀처럼 바람이나 충격에 부러지지 않는다는 유연불삽柔軟不澁의 의미를 지니고 있지 않은가.

그밖에도 연꽃을 꿈에 보면 길하다는 견자개길見者皆吉의 의미, 그 꽃이 피면 반드시 열매를 맺는다는 개부구족開敷具足의 의미, 그 꽃은 만개했을 때 색깔이 더욱 곱기로 유명하다는 성숙청정成熟淸淨의 의미를 지니고 있지 않은가.
연꽃은 꽃이 만개해야 그 실체를 알 수 있는 것이 아니라, 꽃이 피는 과정에서부터 꽃의 성향을 감지할 수 있다는—생이유상生已有想의 의미를 지니고 있지 않은가.

수필도 그와 다르지 않다.
연꽃 같은 이미지를 지니고 있어 탁한 물속에서도 정체성을 잃지 않아 들이 닥치는 풍파와 싸우기도 하고 지혜롭게 걸러내기도 하는 철학의 문학이다.
그 철학과 함께 하는 수필가들도 연꽃처럼 영혼이 투명하고 그윽해 수필가가 된 연유를 추측하게 한다.

'수필의 날' 행사와 경주 '안압지 연꽃단지' 관람은 시공을 초월해 궁합이 맞은 만남이다.

그 속에는 경주의 문화가 묻어있고 신라시대의 정서가 묻어 있다. 신라를 세운 박혁거세와 최초의 여왕인 선덕여왕의 영혼, 안압지를 만든 문무왕과 양동마을의 역사와 그 정서들, 귀족들이 연회를 베풀던 포석정과 불국사, 석굴암이 뇌리 속에 똬리를 튼 채 연꽃의 형상으로 다가오며 안압지 야경을 산책한다.

고도의 정신들이 천년 신라의 역사를 빛내주며 환호성을 지르고 있다.

(2013)

수원에서 수필의 역사를

#수필의 역사를 지은 후

7월이 되면 그 행사에 참여하기 위해 전국에서 500여 명 작가들이 모이게 된다.
'제14회 수필의 날'도 한국문인협회 수필분과 주관으로 경기중소기업지원센터 경기홀에서 행사가 개최, 여러 가지 상황들과 접할 수 있었다.
오전에는 유적지 '화성행궁'을 둘러보는가 하면, 365일 동안 뵙고 싶었던 문우와도 마주하며 땀을 닦아내기에 분주했다.
누군가의 수고로움에 의해 이루어진 행사지만, 나는 버스에 무임승차한 후 창밖을 내다보며 생각에 잠겨 있던 시간이다.
이번 행사에선 좀 더 발전적인 수필을 쓰기 위해 세미나를 개최한 것이 다르다고 할 수 있어, 주최 측의 노력이 많았음을 알 수 있다.

나를 포함한 3명의 질의자 질문에 이어, 임헌영 평론가께선 실험수필—아방가르드적 표현관점과 구성관점에 관해 종합적으로 강의해 주셨고, 박양근 평론가께선 미래수필의 표현관점과 구성관점에 대해 전반적으로 제시해 주셨다.
오고 가는 과정에서 여러 가지 일이 있었지만, 수필발전을 위한 세미나는 처음으로 개최되어 진행 프로그램이 신선하게 다가왔다. 아카데믹한 정서들이 나름대로 드러나고 있어 의미가 있었다.
윤재천 교수님께서 '수필의 날'을 선포했기에 현대수필에서도 간접적으로 신경이 쓰이는 것은 사실이다. 그러나 문협 수필분과에서 그 행사를 8년째 치러가고 있어 부담 없이 여행하면 되는 손님이다.

이제 '수필의 날'은 자리를 굳혀가고 있다.
행사장에는 이상문 국제펜클럽한국본부 이사장, 정종명 한국문인협회 이사장, 신세훈 전 문인협회 이사장, 문효치 전 국제펜클럽 이사장, 김우종 평론가와 유혜자 선생님, 이경희 선생님, 염태영 수원 시장과 수원 예총회장, 그리고 그날의 수상자인 정목일 선생님과 이정림 선생님이 참석해 자리를 빛내 주었으니 지연희 분과회장님께서 고생한 흔적들이 역력했다.
아쉬운 것은 몇 년 전에 비해, 나는 물론 여러 선생님 모습에서 세월을 느끼지 않을 수 없어 가슴이 서늘했으나, 원숙하고도 온화한 모습들이 작가로서의 모습을 유감없이 발휘하고 있어, 한 분 한 분 특유의 이미지로 다가왔다.
무더위가 온 몸을 탈수시켰으나, '수필의 날' 행사는 우리에겐 수필가로서 정체성을 찾을 수 있는 시간임이 분명했다.

#사도세자의 혈육을 유랑

행사 프로그램을 통해, 조선시대 왕족이 잠들어 있는 '융릉'과 '건릉'을 둘러 볼 수 있었다.
노론과 소론의 당파싸움 틈에 끼어 죽어간 영조(조선 21대)의 아들, 사도세자가 환영幻影처럼 떠올랐다. 비운의 세자지만, 경기도 화성시에 부인 헌경왕후 '홍씨'와 합장해 '융릉'이라 하였으니, 그것보다 '완전한' 것이 무엇이 있겠는가.

사도세자(영조 11년, 1735년)는 창경궁에서 탄생해 영조에게 기쁨을 주었기에 그 이듬해 세자로 책봉됐지만, 출신성분에서 콤플렉스를 갖고 있던 아버지와의 불화, 또는 노론의 모함으로 28세(1762년) 나이에 창경궁에서 희생당한 왕족이다.
정치에서 '권력은 부자父子 간에도 나눌 수 없다'는 말이 있듯, 조선시대만 해도 태조와 태종, 선조와 광해군, 인조와 소현세자, 대원군과 고종이 있었으며, 비극적이고 잔인한 사례로는 뒤주 속에서 죽어간 사도세자와 그 아버지, 영조와의 관계이다.

세자는 어릴 때는 영특했으나, 자라면서 학문보다는 무인적 기질로 변한 것이 아버지에겐 눈에 거슬리는 '장벽'으로 비춰졌다. 세자는 국왕을 대신하는 자리에서 대리청정으로 정무에 관여했지만, 영조는 자신과 어긋나는 아들의 생각과 성격 탓에 불만을 갖고 있던 터라 거리감을 두게 되었고, 그 거리감은 세자에게 불안한 마음을 유발시켰으며, 결국 임호화변을 계기로 세자를 서인으로 폐하여 비극적인 죽음을 초래하게 했다.
조선시대에서 가장 장수하여 52년간 왕위를 지킨 영조(1694~1776)는 출신성분에 콤플렉스를 느끼며 불안해했지만 여러 가지 상황으로 세자를 죽이고 나자 곧 후회가 되어 세자를 '사도'라 칭하였다. 그리고 아들에 대해 보상이라도 하려는 듯, 손자에게 정성을 쏟으며 성군으로서의 기반을 닦아주었다.

원인 없는 결과란 존재할 수 없다.
정치적 이념의 갈등 속에서 3대가 얽혀진 조선 후반기의 역사, 한 왕족의 역사가 거센 파도처럼 몰아치는 18세기였으니, 예나 지금이나 정치적 소용돌이는 주변의 상황에 휘둘리며 잔인할 만큼 무자비하다.
그러나, 열한 살 때 '아버지를 살려 달라'고 할아버지에게 매달려 울부짖던 정조(조선시대 22대왕)는 1776년 25세 때 왕이 된 후, 1899년에는 아버지 사도세자 무덤을 수원으로 옮기고 생전에 쌓은 공덕을 찾아내 '장조'라 추존해 한을 풀어 드렸으니, 밤하늘의 북극성인들 그 효성만큼 반짝일까.

그뿐 아니라, 정조도 같은 울타리에 '건릉'이라는 집을 지어 효의왕후 김 씨와 합장된 채 '융릉'에 계신 부모님을 지척에서 보위하고 있었으니, 그 이상 적막하면서도 아름다운 풍경이 무엇이 있겠는가.
어쨌든 나는 행사 둘째 날, 폭염 속에서의 유랑이지만, '융릉'과 '건릉'을 둘러보는 순간 영육靈肉의 체감온도가 영하로 내려가면서 사도세자의 처절함과 정조의 속 깊음, 영조의 고통을 헤아리다 보니, 멘붕이 올 수밖에 없었다.
2남 12녀 중, 형이 어릴 때 죽어 영조의 외아들로 남았던 사도세자—그 비운의 왕자가 묻힌 곳이 경기도 '수원'이니, 그곳은 분명 나에겐 쓸쓸한 날이면 달려가야 할 목표지가 되었으므로 감사했다.

영조는 개인사적으로는 여러 가지 콤플렉스와 구설수에 시달린 왕이지만, 정치적으로 불어오는 광풍에는 전혀 휘둘리지 않고 '탕평책'을 채택하여 민생을 안정시킨 임금으로서, 정조와 함께 18세기 조선을 중흥기로 이끈 왕이 아니던가.
숙종의 아들이지만 무수리의 아들로 태어난 영조, 이복형 경종과의 투쟁에서도 노론이 영조를 밀어주자, 온갖 루머에 시달리면서도 어려움을 극복하며 조선시대의 성왕이 되지 않았는가.
지금 영조는 수원 '효행로'가 아닌 경기도 구리시에 묻혔지만, 영조와 사도세자, 정조는 시공을 초월해 늘 함께 있는 왕족이라, 융·건릉이 있는 그곳은 숙연한 기운으로 가득 차 있었다.

이것으로 볼 때, 삶의 모든 것은 내 안에 숨어있다.
이 순간 영화 「명량」에서 이순신 장군의 정신적 무기였던 '명대사'가 생각난다.
"독버섯 같은 '두려움'도 그것을 극복해 '용기'로 바꾼다면 무한대의 용기, 무한대의 저력이 된다."

두려움 속에서도 자신과의 싸움에서 이긴 '영조'의 저력이 빛이 나는 순간이다.

(2015

수필문학관 건립 안건

'수필의 날' 행사엔 전국의 수필가를 만날 수 있는 설렘이 있다.
그 행사는 문협 수필분과운영회가 섭외하는 지역에서 거행하며, 수필가는 그 기회를 통해 수필의 정체성을 찾는 데 주력한다.
'현대수필'에서도 그때 특별히 측면지원을 해야 한다는 책임감이 있다.
한국수필학회 회장이자 현대수필 발행인 윤재천 선생님께서 2001년 12월 1일, '수필의 날'을 제정해 6년 동안 행사를 기념해 왔기 때문이다.
제7회부터 한국문협 수필분과로 위임시켰으니, 윤재천 선생님께선 80 중반의 연세임에도 행사 때는 반드시 '수필의 날 선언문'을 낭송한다.
우리는 그때, 수필이 변하지 않으면 안 될 장르임을 실감하며 많은 것을 생각한다.

2016년 4월 29일부터 30일까지 진행된 행사는 열여섯 번째였다.
그동안 여러 작가들이 수고 많이 하셨지만, 현재 재임 중인 지연희 회장님의 숨은 노고를 헤아리지 않을 수 없다. 지난 5년 동안 행사를 위해 밀고 나가는 추진력을 보면 수필의 앞날이 밝지 않을 수 없다.
행사 전 지역간부들과의 섭외과정이나 여러 가지 지원 여부, 작가로서의 개성 있는 이미지를 유지하며 모든 것을 조율해 가는 것을 보면 참으로 대단하다. 행사를 준비하고 진행하는 과정에선 너나없이 어려움이 많이 산재해 있지만, 주최 측인 운영위원회에서는 남다른 노력을 하고 있어 감사한 마음이다.

군산의 문화예술과 그 속에서 움트게 된 한국수필을 탐방하기 위한 떠남!

많은 수필가들의 도움과 함께 전라북도 군산시청, 문인협회 군사지부, 지리산문학관, 한국문인협회, 한국수필작가협회가 후원하며 계획한 행사는 군산 예술의 전당 소극장에서 활발하게 개최됐다.

군산 지역에는 예로부터 바다와 갯벌이 삶의 터전이라 뱃사람이 많이 산 반면, 선사문화시대부터 민족문화유산이 많은 곳이었다. 시대가 많이 변했지만, 그곳에는 한국인의 기본 종교라고 할 수 있는 민속 신앙인 무교巫敎가 성행했던 곳이라 예술인들이 탐방하기에는 적합한 곳이었다.

군산문학의 태동은 신라시대의 문인 최치원, 고려 고종 때 문인 김희제가 있으며, 근대문학에도 그 태동기 작가 채만식이 있다. 현대문학에는 고은과 문효치, 반항과 풍자적 측면에서 채만식 문학과 맞아 떨어진다는 라대곤, 그 외에도 많은 작가들이 있지만, 지면상 모두 나열할 수 없는 것이 아쉽다.

'오늘의 수필인 상'을 수상하는 신택환과 염정임 선생님의 수필 연륜, 군산문화예술 속 한국수필에 대해 날카로운 강의를 하신 유한근 선생님, 민용태 시인의 유머러스한 시낭송과 몇몇의 수필 낭송자, 모든 것이 환기된 분위기는 누군가의 말처럼, '돈이 되는 것도 아닌 글쓰기'를 하면서도 보람을 느끼게 한 행사였다.

충격적인 것은 지연희 분과회장께서 수필인의 자존과 권익을 위해 생산적인 일에 다가가고자 '대한민국수필문학관 설립'을 위해 임기 내에 기초를 다지겠다고 선언한 것은 우리 수필인에게 획기적으로 다가왔다. '작가는 작품으로 말해야 된다'지만, 그것을 지원할 수 있는 위상과 바탕도 중요해 미래지향적인 선언이다. 분과회장 혼자의 힘으로는 쉽지 않은 일이지만, 전국 수필가가 힘을 합한다면 불가능한 일도 아니다. 한국수필의 질적 향상과 정체성을 공고하게 다져가기 위해서는 고민할 일이라고 생각된다.

군산에서의 1박 2일, 그곳의 문화역사는 근엄한 뿌리를 연상하게 했다. 특히 채만식 문학관과 근대 문화거리에서의 이런저런 옛날풍경, 특히 '점방'은 간판만 보아도 막걸리 냄새가 코끝으로 올라오는 듯해 근대문화 중심지임을 연상하게 했다. 손님을 기다리는 모습으로 '여인숙' 입구 앞에 앉아 찍은 사진을 보면, 6~70년대 시간들이 마음 안에 살아 움직였다. 호텔에서는 때 아닌 변비 때문에 난처한 일도 있었지만, 숙박한 호텔(세빌수)이 예상외로 깨끗해 집 떠난 하룻밤이 이색적인 시간임을 느끼게 했다. 여러 가지 사건과 생각, 이런저런 풍경은 글쓰기를 갈구하는 자들에겐 소재 발굴의 계기가 되어주기도 했다.

그 뿐이랴.

군산의 그 묘한 독특한 분위기를 그냥 두고 올 수는 없었다.
밤 열시가 가까워서일까. 아쉬운 마음에 호텔에 투숙한 우리 일행은 잠시 동안 '일탈'을 꿈꾸려고 호텔을 빠져나와 택시를 잡아탔다. 그곳이 시댁인 룸메이트 덕분에 '7080 나이트클럽'으로 달려가서 고독해 보이는 남자 한 명을 낚아챘다. 10병이 넘은 맥주로 목을 축여가며 뛰지 않는 가슴을 채찍질 했다. 빙빙 돌아가는 네온사인 아래서 케케묵은, 그러나 간간이 가슴속을 휘젓기도 했던 유행가를 몇 곡 부르고 나니, 눌림 당하고 있던 세포가 고개를 쳐들기 시작했다.

출발할 때 사당역까지 배웅해 준, 행사를 마치고 사당역에 도착하면 다시 그 시간 그곳에서 기다리고 있을지도 모를 그 사람을 포켓 속에 접어두고, 겹겹이 쌓인 스트레스를 훠훠 날려 보냈다.
글을 쓰는 자에겐 현실과 이상이 따로 움직일 수 있음을 실감한 시간이다. 점점 시간 앞에서 고개를 숙이는 자신을 위해 존재점검을 했다고나 할까. 정신적인 자유를 구가하며 허상의 길을 걸었다고나 할까.

글 속에는 온갖 것이 존재하므로 온갖 것을 만날 수 있어 통쾌하다. 그 누구도 통제할 수 없는 자유가 숨어 있어, 인가 받은 그날의 행사는 부자가 될 수밖에 없었다.
일탈이 섞인 시간도 때로는 생약이 될 때가 있다. 색다른 경험은 글을 쓰는 자에게는 작품을 구성하는데 도움이 될 수도 있으니까.
부디 '문학관 건립'에 착수하기 소망하며, '그때그날그곳'에서 일어난 풍경을 열두 가지 색상으로 조율해 본다. (2016)

실험수필을 향한 도전은 시대적 제스처

글을 쓰겠다는 의미는 궁극적으로 인생을 치열하게 살아왔다는, 또는 살아내겠다는 은유이다. 모범적 사회 현상은 모든 것이 규격과 원칙 속에 매여 있어 있지만, 글을 쓰는 작가의 뇌리에는 비교적 솔직하면서도 순수한 감정, 보편성을 뛰어 넘은 감정이 잠재되어 있을 때 생명력이 존재한다.

나는 간간이 N. H. 클라인바움의 소설『죽은 시인의 사회』가 생각난다. 이 소설은 영화와 연극으로 확대된 작품으로, 웰튼 고등학교에 '키팅' 선생이 새로 부임해 '죽은 시인의 사회'와 '살아있는 시인의 사회'가 무엇인지 이분법적으로 제시해 주게 된다.

이 학교는 학생을 24시간 사육하는 집단으로 70%를 명문대에 입학시키는 공부벌레들로 모인 단체이다. 학생에겐 꿈이나 발랄함이 거세된—모든 것이 부모와 선생에 의해서만 그들을 사육하는 학교이다.

키팅 선생은 출세와 모든 것이 타율적으로 강요되는 이 집단에 정면으로 도전하게 된다. 기존체제에 반기를 들고 '카르페 디엠carpe diem'이란 철학으로 학생들을 '살아있는 시인의 사회'로 안내해 간다. 그 사회는 개성과 예술, 생명과 꿈이 있는 학교, 사육에 시달리는 영혼들이 아니라, 원칙에서 조금은 비켜나더라도 영혼이 자유롭게 유영하는 세계를 의미한다.

이 시대 수필쓰기도 크게 다르지 않다. 수필이란 장르가 형상화 작업 없이 고백론에 치중한다거나, 지나치게 논리적이고 현학적인 글을 쓰게 되면 창작의 에너지를 저하시킬 수가 있다.

글을 쓰려면 글을 쓸 수 있는 환경을 설정해 명상과 함께 심장부로 고요하게 또는 거침없이 돌진해야 하는데, 그 어떤 원칙에 얽매이게 되면 감정에 생기는 파동이 제구실을 못하게 된다. 피상적인 글, 현학적인 글에서 탈피해 문학성에 가까운 글을 쓸 때, 수필이 비문학이라는 오명에서 벗어날 수 있기 때문이다.

수필가는 다른 장르 작가들에 비해 웰튼 고등학교 학생처럼 흐트러지지 않은 자세로 규칙에만 얽매어 있어 영혼의 불씨를 놓칠 때가 많다. 마음속에 잠재된 불씨는 글 쓰는 사람에겐 엄청난 에너지를 주게 되므로, 논리적 메커니즘에 얽매이지 않는 것이 우선이다.

시대와 동행하는 글을 쓰기 위해서는 장르를 뛰어넘어 경계선을 초월한 글, 자기만의 브랜드를 가지고 불안한 현대인의 의식세계에 동참하는 글, 접목과 해체를 반복하며 전천후 문학을 추구하는 것이 바람직하다.

가치관의 변화가 무수히 많아 현대인의 생각은 끝이 없이 다양하다.

작가는 인문학을 바탕으로 글을 쓸 때가 많지만, 지금은 지식 홍수시대임을 깨달아야 한다. 이러한 시대에 정서적으로 삭혀지지 않은 지식의 나열은 문학성이 빈약해서 작품구성에 예술적 장치, 상상에 근거한 미적 재구성기법을 적절하게 반영하는 것이 바람직하다.

'수필이 문학이 되려면' 에 의문점을 제기하며 고심해야 한다.

작품 쓰기는 모방론, 표현론, 효용성, 존재론이 우선하지만 좋은 작품이 되기 위해서는 무엇보다, 사실보다는 진실성과 함께 리듬과 메타포, 함축미로 형상화되어야 한다.

수필도 진보적 글쓰기가 필요하다. 시詩도 행과 연만 나눴다고 해서 시가 아니듯, 수필도 사실 그대로의 실상을 15매 원고지에 옮겼다고 해서 수필이 되는 것은 아니다.

작품에는 미학적 보수와 미학적 진보가 있다. 미학적 보수는 정형화된 서정적 문법 안에서 지나치게 투명하고 지나치게 편안한 글이 되므로 가부장적 경향이 드러나게 된다. 이런 글은 삶의 진실과 얼룩진 잔해보다는 가릴 것 가려가며 피상적으로 지혜만 가르치려 하므로, 두 번 다시 눈길이 머물지 않게 된다.

한 번 읽기와 다시 읽기는 그 의미가 다르다. 다시 읽기의 시간은 사유의 시간으로 독자의 정신을 터치하며 창조할 수 있는 계기를 제공해 준다.

이 시대 수필 쓰기는 미학적 진보가 바람직하다. 문체나 의식세계를 변형시킨 실험정신, 회색지대의 그로테스크한 문장, 간간이 소통의 어려움이 수반되는 그 어떤 난해성, 이런 작품이 관념적이라 공허할 때가 있지만, 공허가 없는 문학은 독자의 마음을 머물게 할 수가 없다.

삶은 공허 속에 비전 또한 숨어있다. 수필은 작가의 철학과 의식, 언어를 추상적으로 풀어 넣을 때 수필의 키워드인 진정성이 드러난다. 예술은 '가능한 차선'보다는 '불가능한 최선'을 갈구해야 하므로, 형식과 내용의 파괴 속에서 미적 아름다움을 추구해야 한다.

아름다움에는 추醜의 미학도 있고 미추美醜를 구별하기 힘들 정도의 모호한 아름다움도 있다. 무언가 추상적이어서 '그것이 무엇일까' 궁금증이

들게 하는 것, 그게 지금 이 시대 수필이 시도해야 할 정신이다.

전통수필이든 실험수필이든 스스로를 치유하고 독자도 치유시킬 수 있는 글, 읽을수록 새롭고 읽을수록 떨림이 있고 읽을수록 깨달음이 있는 글이 바람직하다. 유행가 같은 작품이 아니라 시대를 초월해 존재할 수 있는 글, 신과도 교류할 수 있는 영적인 글, 인간의 정서적 구원을 초월해서 영혼의 구원으로 이어지는 글이 가슴에 남게 된다.

모든 것을 끌어안은 실험수필, 세기말의 시대를 견인하기 위한 문예사조가 시급한 실정이다. 미의식의 혁신을 통해 한국수필의 진로모색과 대안을 제시하며 4차원의 시대라고 할 수 있는—네오 노마드 시대에 위안이 될 수 있는 작품이 갈급하다,

문제는 그것을 깨달은 작가들이 언어해체와 이질적인 이미지 조합을 통해 한국수필이 저변확대를 위해 노력하고 있지만, 형식의 모방에서 표절의 문제점이 돌출하는가 하면, 작가나 시대의 트라우마 치유에 소홀한 경향이 있다고 평론가 박양근은 지적했다.

나는 나만의 작법을 택하려고 노력한다. 실험수필도 그 어떤 중심부로 다가서기 위해서는 무의식 속에 잠재되어 있는 미추의 의식을 융합해 또 다른 의식을 끌어내어 창조적 작품으로 전환시켜 가야 한다. 랭보의 말처럼 '예술에서의 진보는 대중과 함께 가는 것이 아니라, 대중의 의식까지도 창조하는 데 있다'는 말에 공감하며, 실험수필의 한 부분인 아방가르드 에세이에 도전한다.

내게 주어진 고유의 의식을 중요시 여기고 영혼의 연골이 굳어지지 않도

록 관리하며, 몸과 정신을 통해 나만의 춤놀이를 펼쳐 나갈 때 문학성이 가미된 수필을 쓸 수 있어서다.

수필은 작가의 청사진이다. 그 특성이 일상의 소재와 주제가 핵을 이루는 게 보편적이므로, 그 진부함에 매몰되지 않기 위해서는 획기적인 정신과 문장으로 사물과 사물사이 – 살아있는 자와 죽은 자의 영매역할을 하고 있다. 의식과 무의식의 통로를 개방시켜 독자에게 행간을 읽게 하고, 자타에게 힐링이 될 수 있도록 추임새를 도입시켜 문학적 세계에 가까이 가려고 노력한다.

광대들을 보라. 그들은 밧줄 위에서 불안한 춤놀이를 하면서도 그들만이 펼쳐 나갈 수 있는 제스처와 예술적 표정으로 관객들의 영혼을 몰입시키지 않는가.

수필도 다를 바 없어 실험수필을 쓰는 작가들이 나타나고 있다. 이런 글은 작품에 따라 반半 추상적인 때가 많아 독자들이 퍼즐 맞추기를 하며 메시지를 찾아가야 하는 어려움이 있지만, 그들도 그 너머에 숨어있는 무엇인가를 찾아내려고 노력하고 있다.

이 현상은 혼돈의 시대에 수필을 개혁하기 위한 세기말적 표정으로 운명적 제스처가 아닐 수 없다.

(2018)

평설

잠재문학실험의 경계허물기와 인문학적 성찰

– 수필집 ≪흔적 아닌 것이 없다≫의 잠재적 경향

한상렬 | 문학평론가

1. 프로롤그-오차숙 수필의 이론적 준거準據

수필은 작가의 일상적 체험을 바탕으로 하여 언어미학적으로 창조한 미적 관조의 산물이다. 하이데거Martin Heidegger에 따르면, 예술의 본질은 모방이나 재현에 있는 게 아니라, 사건을 일으키는 데에 있다고 했다. 그래 모든 존재자의 아래에 묻혀 잊힌 존재의 체험을 일으켜, 우리를 존재 망각의 상태에서 깨어나게 한다. 피카소의 그림이나 고야의 그림을 통해 체득하는 예술의 세계는 바로 우리들 삶의 모습 그대로이다. 미셸 푸코Michel Paul Foucault가 말했듯, "사유의 전 지평을 산산이 부숴버리는" 존재의 의미를 해석해냄으로써 비로소 우리는 삶의 진실에 눈뜨게 된다. 그러므로 수필문학이 지나치게 일상성에 몰두한다거나 키치Kitch적 사고에 매달린다면 문학성을 얻기 힘들 것은 자명한 일이겠다.
아날로그에서 디지털시대로의 변화는 작가에게 무한한 상상력과 감수성을 요구한다. 때문에 오늘의 작가에게는 모름지기 세계를 새롭게 인식하려는 노력을 필요로 한다. 수필문학이 타 장르에 비하여 지나치게 일상화되어 있다는 사실은 그만큼 독자에게 감동을 주기 어렵다는 데에 있다. 시적詩的이면서도 재미있는 담론의 구조를 지니고 있으며, 반전의 묘미나 비평적 감수성을 지니고 있다면 하는, 요구는 수필문학이 가야 할 탈장르적 길과 다름이 없을 것이다. 이는 오늘의 문학이 혼합과 융합, 그리고 통섭의 관계 맺기를 요청하고 있다고 보는 견해와 같은 맥락에 있다. 그러려면 당연히 오늘의 작가는 인문학적 성찰을 지녀야 할 것이다.

그렇다면, 인문학적 성찰은 어떻게 이루어지는가? 이에 대한 명쾌한 답변을 이루기는 쉽지 않다. 파스칼Pascal이 "인간은 생각하는 동물이다"라 했듯, 데카르트Rene Descartes는 그의 저서 ≪방법서설≫에서 "나는 생각한다. 고로 나는 존재한다"(cogito, ergo sum)고 하였다. 이런 존재론적 사고는 소통의 담론과 직결된다. 이런 의미에서 현상학자인 메를로퐁티Maurice Merleau Ponty는 '몸엣 반성'이라는 말을 하였다. 그만큼 복합 다층적이라는 말이겠다. 이렇게 다층적일수록 다양한 의미와 효과를 일구어 낼 수 있고, 또 그런 만큼 인생을 더 풍부하게 향유할 수 있을 것이다. 롤랑 바르트Roland Gerard Barthes는 ≪저자의 죽음≫에서 "글쓰기란 모든 목소리, 모든 기원의 파괴이기 때문이다. 글쓰기는 우리의 주체가 도주해 버린 그 중성, 그 복합체, 그 간접적인 것, 즉 글을 쓰는 육체의 정체성에서 출발하여 모든 정체성이 상실되는 음화negative"라고 하였다. 모든 정체성이 상실되는 그 '음화'를 글쓰기는 얻는다. 우리는 그 지점에서 어떤 사람을 잃고, 죽이고, 또 사라지게 하는가 하면, 대신 또 어떤 사람을 태어나게도 한다. 그래 성기완의 언명과 같이(『문학판』 2002년 여름호, 열림원, 75쪽) "모든 정체성이 상실된 지점이 아니라 그 모든 정체성의 층위가 다 합해진 어떤 교차지점에서 태어난다. 원래의 '그', 즉 저자인 '그'는 사라지고 글쓰기 속에서만 살아 있는 상징적 존재인 '그'가 살아오는 것"이라고 해석했다. 결국 바르트의 글쓰기는 그 교차지점을 이론적으로 모색하게 한다.

분명한 것은 지금은 변화의 시대라는 데에 있다. 변화는 고정관념으로부터의 탈피다. 전통적 수필 창작에서 이젠 시대 변화에 맞춰 수필창작도 새로워져야 한다는 데 있다. 그러기 위해선 새로운 수필창작에 관심을 기울여야 한다. 변화에 편승한 시대적 필요에 합당한 작품은 과연 어떤 작품이어야 하는가. 이에 대한 고구考究는 창작자인 수필작가들의 손에 달려 있다. 문학에서의 경계해체 현상에 대한 학문적 관심은 최근에 이르러 매체 및 매체 이론의 발전과 함께 관심이 더욱 증폭되고 있다. 반대로 전통적인 입장에서 경계를 고수하려는 경향도 지속적으로 나타나고 있다. 말할 것도 없이 새로운 세계의 문학은 전통에 대한 파괴와 전도, 고정관념의 해체로부터 시작된다. 메타문학이나 포스트모더니즘은 그 변화의 한 축일 것이다. 문학의 이종결합이 보여주듯 이제 문학은 고고한 위치에서 타 장르와의 결합, 타 학문과의 결합을 통해 출구전략의 변화가 와야 할 것이다. '아방가르드Avant-garde'는 바로 낡은 '아름다움' 대신에 형식의 '새로움'을 추구한다. 괴테는 "모든 발견이나 이론 중, 그 어떤 것도 코페르니쿠스의 이론보다 인간 영혼에 영향을 미친 것은 없다"고 하였다. 그러므로 '통속문학—키치에서 전복적 예술로'의 전환은 자연스레 경계 넘나들기, 경계 가로지르기를 필요로 하게 된다. 그리하여 오늘의 문학은 장르 간의 경계는 물론이려니와 문학과 회화, 음악의 상호 텍스트성을 확인하려는 노력이 문예학 연구에서도 주요한 흐름을 형성해 가고 있다.

2. 잠재문학실험의 경계 허물기

우리는 지금 변화의 시대에 탑승하고 있다. 그러므로 이 시대에는 문학적인 것과 비문학적인 것 사이의 경계가 더 이상 존재하지 않게 된다. 허정아는 「문학과 상상력」(제33회 에세이문학 세미나 주제발표문)이란 발제에서 이런 시대 변화에 발맞추기 위해서는 문학적 상상력이 필요함을 다음과 같이 서술하고 있다.

문학이라는 이름의 틀에 갇혀 있었던 창작 방법, 대상, 재료들을 과감하게 상상하는 모험을 감행한다. 문학창작에 광학적인 사진기법이 동원되기도 하여 이야기를 풀어나가는 서사방식이 마치 스냅사진기로 장면을 찍는 것처럼 묘사되는가 하면, 백화점 카탈로그나 정치인의 연설문, 표지판이나 건물 설계도, 열차 시간표와 같은 일상생활에서 볼 수 있는 문학 외적인 요소들이 작품의 주소재가 되기도 하였다.

문학적 상상력은 이제 자신의 고정된 틀에서 벗어나 무한 상상의 궤도에 올라야 한다.

≪잠재문학실험실≫은 '울리포Oulipo, 잠재문학 공동실험'의 실험적 글쓰기를 국내에 처음 소개한 의미 있는 책이다. 조르주 페렉, 레몽 크노, 이탈로 칼비노, 마르셀 뒤샹 등 우리에게도 친숙한 이름들이 여럿 포함된 울리포는 프랑스 현대문학의 흐름 가운데서도 독특하고 주요한 실험적 움직임이었다. 문인과 수학자를 중심으로 형성된 이들은 각종 '제약'을 문학의 도구로 삼았다. 이들은 잠재성을 증명하는 도구로 '제약contraintes'을 택했다. 즉 일정한 규칙을 세운 후 그에 따라 글의 형식과 구조를 변형하는 이 문학 실험은 영감에서 비롯된 것으로 알려진 문학을 둘러싼 경계와 그 권위를 무너뜨렸다.
울리포는 1960년대 초반부터 시작된 일종의 실험적 운동으로 2차 대전 직후 일어난 문학 운동인 '누보로망nouveau roman' 과 반대되는, 형식과 가치관을 파괴하는 것으로(윤성근, ≪신애책방≫, 2011, 이매진, 109쪽) "글쓰기에 갖가지 제약을 둔다. 특정한 제약이나 장치를 둠으로써 작가의 글을 개성에서 해방시킨다. 이 방식은 의외로 작가에게 잠재되어 있는 놀라운 글쓰기 능력을 발굴 할 수 있다. 누구든지 자유롭게 글을 쓰면 편견에 빠지기 쉽다"고 보았다. 이들의 실험적 글쓰기의 하나는 '아나그람anagram'으로 단어나 문장, 글의 알파벳 철자를 해체 재조립하고자 했다. 다음으로는 앞에서부터 읽든 뒤로 읽든 동일한 회문回文 즉 '팔랭드롬palindromme'이다. 세 번째는 특정한 글자를 지닌 단어를 제하고 글을 쓰는 '리포그램lipogramme'이다. 그밖에도 알파벳순으로의 글쓰기나 쉼표나 구두점이 없는 글쓰기 등이었다. 이처럼 컴퓨터와 같은 자동생산시스템에 근거한 창작방법을 모색함으로써 상상력에 의한 창작의 길을 실험하였다.(『에세이문학』, 허정아의 에세이문학세미나 발표자료, 2016가을호, 223쪽)

회화에서도 이런 새로운 창작기법들이 응용되고 있다. 「우아한 시체」 또는 「아름다운 시체」로 불리는 작품은(상진아, ≪상진아 선생님의 행복한 놀이대화≫, 랜덤하우스코리아, 322쪽) 일종의 놀이 형식의 창작기법을 사용하고 있다. 연상기법의 하나이다.

1960년대 말 프랑스에서는 베르나르 에셱에 의해 소리로 시를 보여주는 이른바 '소리시'가 등장했다. 그에 의하면, 시란 죽은 시이며, 목소리가 없는 시는 출구가 없다고 보았다. 그리하여 그는 문자적인 요소는 최소화하고 음성학적인 요소나 신체적 요소를 최대한 활용하고 있다. 기호가 요구하는 불필요한 형식과 제약으로부터 자유롭게 의미 전달을 위한 통사적 규칙과 문장 부호를 과감히 생략한 것이었다. (허정아, 앞의 책, 227쪽) 울리포Oulipo가 그러하다. 잠재문학실험실, 잠재문학작업실이 그 좋은 예일 것이다. 이런 경향은 한 마디로 경계 허물기에 해당할 것이다.

3. 오차숙 수필의 잠재적 실험, 경계 허물기와 인문학적 성찰

한국수필문단에 있어 실험수필 쓰기는 아직 '미답未踏의 동토凍土'와도 같다. 오차숙의 주도로 창립된 한국실험수필문학회에서 펴낸 ≪한국실험수필≫은 올해로 그 네 번째의 산고를 겪었다. 그 공과에 대한 문단내의 평가가 일률적이지는 않지만, 분명한 것은 경계 가로지르기를 요구하는 시의적 필요성에 비추어 미래지향적임에는 틀림이 없다. 한국실험수필, 그 필두에 작가 오차숙이 돌올突兀하다. 2018년 제4집에 머리에는 다음과 같은 모두의 언명이 붙어 있다.

> 전위문학은 매혹적이다. / 정신 내에 웅크리고 있는 근육을 풀어주고 그 안에 잠재된 '끼'를 끄집어낸다. '태양 아래 새로운 것은 없다'라고 하지만, 길들여짐에 절망한 작가들은 간간이 새로운 형식과 기법으로 글을 쓰고 싶어 한다.
>
> - ≪한국실험수필≫ 4집, 오차숙의 머리말, 2018년

이쯤하면, 실험수필에 대한 그의 지론을 충분히 간파하게 한다. 조금 더 언급하면 다음과 같다.

> 전위前衛수필은
> 진실을 바탕에 둔 언어의 연금술사,
> 의식과 무의식의 KTX를 타고 질서 있게 질서 없게 춤을 추며,
> 생명체를 토닥여 주는 총천연색 컨테이너.
>
> 뿌연 뇌리에 똬리를 틀고 좌선하는 정체불명의 그림자를 통해,
> 그 바닥에서 수군대는 캐릭터들의 보따리를 통해, 지그재그 요동치는 수사들과
> 그 절규들을 통해 갈래갈래 뿜어내는 마당놀이.

그 뿐인가.

비문非文의 근처에서 아슬아슬 고개를 쳐들고 있는
그 괴기한 문장들.
환희와 비애가 뒤엉킨 채 무아경無我境에 빠져 있는
'의식 저장 무의식 저장' 창고를 시크하게 노크하며, 광야를 방황하는 영혼들을
슬그머니 끌어안는 검붉은 가슴팍들. (아래 생략)

-「실험수필, 그 고고한 무질서」에서

오차숙의 수필은 감성적 언표보다는 다분히 개념적 언표 중심이다. 언어가 지닌 기의와 기표를 조화시킨 그의 수필의 형태적 특이성은 독자를 낯설게 한다. 그의 수필 읽기에서 맞닥뜨리는 이런 긴장은 외적 요소인 언표의 특이함에서 온다. 하지만 기의를 해석하면 그가 얼마나 언어 사용에 민감한가를 깨닫게 한다. 현대사회의 특징은 진보의 세속화이다. '제약'과 '잠재'로 문학을 재편성하려 했던 울리포 작가들의 ≪잠재문학실험실≫은 다름 아닌 "만들고(창조), 만들어진 것을 다시 만들고(재창조), 이를 통해 노는(유희) 과정을 철저히 따르고자 했다. 오차숙의 수필에는 그의 고유한 내면적 질서 체계가 수반되어 있다. 따라서 무리하게 그의 수필이 내포하고 있는 의미나 이미지를 다시 조립할 필요를 느끼지 아니한다. 그의 수필의 시선이 열려있기 때문이다.

이 글의 모두冒頭에서 진술한 바와 같이 '잠재문학실험실'은 울리포적 제약을 적극 차용해 한국어 통사론에 적용한 흥미로운 창작 실험들로 이루어져 있다. 총 27편의 시, 산문, 소설(엽편), 선언문 등이 망라된 이 실험들은 울리포적 제약을 그대로 지키기도 하고, 이를 의도적으로 우회해 적용하기도 하였다. 이런 실험은 김탁환의 "종이라는 재료가 사라지더라도,

문자를 읽고 상상하며 즐기는 이야기는 계속 가리라고 봅니다"(김탁환, '커버스토리' 중에서, 악스트 Axt 11호, 3,4월호, 2017)라는 견해와 맥락을 같이 한다.

누가 뭐라던 수필작가 오차숙은 실험수필의 선두주자임에 틀림없다. 그래 필자는 그를 일러 '수필시대 앞서가는 작가'로 이미 명명한 바 있다. (『수필시대』, 앞서가는 작가들 - 오차숙, 「앞서 가는 작가, 오차숙 수필의 해체와 경계 허물기」, 2007년 3-4월호) 또한 필자의 평론집 ≪좋은 수필, 그 외줄타기≫(한상렬, 도서출판 서해, 2008년, 237-252쪽)에 「미로찾기, 허물벗기와 가면쓰기의 미학」으로, 문학평론집 ≪수필문학의 미로찾기와 허물벗기≫(한상렬, 도서출판 서해, 2008, 344-379쪽)에서 그의 실험수필에 나타난 경향적 특성을 탐색한 바 있다. 그럼에도 이제 새롭게 선보이는 수필집 ≪흔적 아닌 것이 없다≫의 작품들을 고구하고자 함은, 그의 실험수필이 최근에 와 어떤 모습으로 변용과 굴절이 이루어졌는가를 살펴보기 위함이다. 아울러 우리 수필문단의 실험수필의 자리를 탐색하고자 하는 의도를 병행한다.

오차숙의 잠재적 실험에 입각한 수필쓰기의 예는 여러 작품에서 구체화되고 있다. 이는 일종의 문자학적 실험 즉 언어적 상상의 외연 넓히기다. 회화의 경우, 상식의 틀을 전혀 다른 해석으로 본다는 것은 그리 용이한 일이 아니다. 그럼에도 사물을 바라볼 때, 전혀 일상적이지 않은 시각으로 '포커스'를 맞추면 그 대상이 말을 걸어오고 전혀 예상하지 못한 자신만의 독특한 향기를 뿜고, 변신에 변신을 거듭하는 다면성을 내비치게 된다. 그러면 전혀 예기치 못한 결과를 낳기도 하고, 때로는 작가 스스로 무아지경에 몰입하는 텃밭이 되기도 하는 매력적인 시도가 된다. 그러므로 인간에게 있어 이런 상상력은 근원적이고 원초적인 본능이라 하겠다. 이런 인간의 상상력과 가장 밀접하고 직접적인 관계를 맺고 있는 분야가 바로 문학이다. 때문에 노드롭 프라이Northrop Frye 1912-1992는 문학을 "인간 상상력의 집합"으로 정의하면서, 문학만이 오직 상상의 영역과 범위를 허락한다고 보았다.

오차숙의 「무인도, 그 섬에는 파도가」는 정보화의 최소단위인 '비트'의 실험이 어떻게 구체적으로 진행되어야 할 것인가를 보여준다. 이에 대한 답변을 작품 속에서 찾아보고자 한다.

> 사랑은 음음→빛과 그림자 음음→死의 찬미 음음→무인도無人島 음음→★ ☀ ☂ ☃ ☺ ☹ ☯….
> 나열한 한처럼 그들의 삶과 죽음의 과정은 내가 숭배하는 과정이기도 하여, 미래의 시간 속에서도 나는 희로애락喜怒哀樂이 묻혀있는 '무인도無人島'에 깊이 몰입하여, 목청껏 이 가요를 감상할 계획이다.
>
> 파도여슬퍼말아라
> 파도여춤을추어라
> 끝없는몸부림에도파도여파도여서러워마라
> 솟아라태양아어둠을헤치고찬란한고독을노래하라
> 빛나라별들아컴컴한밤에도영원한침묵을비춰다오
>
> ★ ☀ ☂ ☃ ☺ ☹ ☯….
> ★ ☀ ☂ ☃ ☺ ☹ ☯….
>
> 조용히 기도드리고 싶은 마음이다.
>
> -(오차숙, 「무인도, 그 섬에는 파도가」, ≪음음음음 음음음≫, 38쪽)

컴퓨터의 한글문자표 중에 '여러 가지 기호'를 차용한 이 수필은, 가요 '무인도'를 화소로 하여 패티김의 '빛과 그림자', 윤심덕의 '사死의 찬미'에 내포된 메시지를 구체화하고 있다. 언어의 기표가 지닌 의미를 추적해야만 이 수필은 온전히 읽힌다. 그의 수필은 굳이 난해한 기법으로 경계 허물기에 나서고 있다. 독자는 잠시 그의 기표와 기의에 어눌해진다. 생경한 춤사위다. 혼돈의 미궁에 빠지게 한다. 그야말로 독자로 하여금 '바벨의 도서관'을 헤매듯 미로 찾기에 나서게 한다. 작가의 자유로운 의식의 춤사위가 이차원적 세계에서 비상하여 3차원을 향해 고공비상하게 하기도 하고, 낙하의 희열감을 맛보게 한다. 그의 또 다른 수필 「음음음음 음음음」이 같은 맥락에서 또한 그러하다. 일견 형식과 내용의 파괴를 통한 아방가르드에 착목하게 한다.

'제약'과 '잠재'로 문학을 재편성하려 했던 울리포 작가들의 '잠재문학실험'은 앞서 진술한 바와 같이 '창조→재창조→유희'의 과정을 밟고 있다. 수필 「나의 삶, 나의 문학-회색지대」는 아나그람Anagram, 이른바 어구전철語句轉綴을 실험한 잠재문학실험의 일종이다. 이는 단어나 문장을 구성하고 있는 문자의 순서를 바꾸어 다른 단어나 문장을 만드는 놀이다.

> 눈을 감고 지그시 '삶'을 응시해보고 싶소
> 세상에 선연한 흔적이 남지 않더라도 앉았던 자리에 엉겅퀴 한 포기 키우고 싶소 이 땅은 영혼을 풀어 놓을 가치가 있기 때문이오 무한한 시간 속에 깊숙이 침잠되어 양귀비 한 송이 피우고 싶기 때문이오 사막을 걸어가는 낙타가 되더라도 주변의 모든 것이 아이의 웃음이 아니더라도 번개 번쩍이는 우박 속을 헤집으며 시이소 놀이를 하고 싶기 때문이오

春도 회색지색
秋도 회색지색

굿마당으로 흥興을 부르는 혼魂바람이기 때문이오

귀를 막고 조용히 '글'을 응시해보고 싶소
문학의 소용돌이가 엑스트라가 될지라도 얼어있는 강물에 칼바람이 불더라도 자유정신으로 골방의 해방을 기다리고 싶기 때문이오 태클을 거는 신령들이 이곳저곳 기웃거리더라도 이 길이 필연코 던져야 할 비, 풍, 초라면 혁명의 의미가 정녕 없지 않다면 도달점이 없어 방황을 계속 하더라도 양손에 기꺼이 곡괭이를 들어 *꿍꿍꿍꿍* 판돈놀이 하고 싶기 때문이오

夏도 회색지대
冬도 회색지대

도박판을 날아다니는 혼魂바람이기 때문이오

—오차숙, ≪한국실험수필≫ 2014, 239-240쪽에서

화자의 삶에 있어 문학은 무엇일까? 세상이 그의 영혼을 풀어 넣을 가치가 있어 무한한 시간 속에 침잠되어 양귀비 한 송이 피우고 싶은 게 화자의 소망이다. 하지만, 그 길은 항차 사막을 걸어가는 낙타와 같을 수 있다. 그렇다하더라도 천진天眞한 아이의 순수함으로 고뇌의 강을 건너고자 한다. 시이소 놀이를 하고 싶은 유아적 순진성은 바로 그가 문학하는 지향이요, 삶의 길이기도 하다. 비록 엑스트라가 될지라도 자유정신으로 골방에서 해방의 때를 기다리는 화자의 정서는 어구전철의 미적효과를 통해 이미지화하고 있다. 이런 유형의 짓기가 어떤 측면에서는 언

어유희라는 비판을 감수해야 할지라도, 이 같은 실험정신이 전제되지 않은 미래는 존재하지 못할 일이다.

인간은 자연의 일부로서 자연 속에서 사는 존재이다. 그러나 그는 동시에 모든 자연적 속성을 초극하는 존재이기도 하다. 하이데거는 그의 ≪존재와 시간≫에서 죽음이란 "언제나 나의 것"이요, "죽음은 현존재가 존재하자마자 떠맡은 하나의 방식"(김용규, ≪영화관 옆 철학카페≫, 이론과 실천, 230쪽)이라 했다. 그렇기에 현존재로서의 죽음의 단상斷想은 자연스레 수필의 담론이 될밖에 없다.

오차숙의 수필 「휠활타령」과 「虛像 實像 異象」은 죽음에 대한 담론이면서도 전통적 수필문법과의 경계 허물기에 서 있다. 존재 인식과 각성은 인간학적 수필의 전형적인 모듈module이지만 수필작가 오차숙에 이르면, 그 모습은 완연히 굴절 변용된다. 앞서 잠재적 실험실이 보여준 아나그람의 기법이 이들 작품에서도 구체적으로 형상화되고 있다. 「휠활타령」에서 보듯 '휠'과 '활'의 전철轉轍은 언어학적 측면에서 언어의 기표와 기의의 묘미를 잘 살려준 외연의 확대일 것이다.

> 검은불꽃이 휠휠
> 타들어간다 활활
> 기름 한 방울 붓지 않았는데도 젖은 장작 마른 장작가릴 것 없이 – 이승과 저승 가릴 것 없이 – 혼魂이 있는 사람 혼魂이 없는 사람 가릴 것 없이
> 타들어간다 활활
> 붉은불꽃이 휠휠 (이하 생략)
>
> –「휠활타령」에서

'죽음'에 대한 현상학적 이미지가 초현실적인 동시에 형이상학적이다. '타들어가는 것'과 '붉은불꽃'이 보여주는 연상적 이미지가 사뭇 상징적이다. 운문인가, 산문인가. 그 경계선 또한 애매모호하다. 덧붙여 "쯔쯔"라는 언어 기표가 갖는 의미의 함축은 산 자와 죽은 자의 경계조차 허문다. "암말 말고 마파람 되어 공허空虛 속으로 잠수하렴 /암말 말고 먹구름 되어 허공虛空을 향해 치솟으렴" 화자는 타이르듯 이렇게 속삭인다. "살아있는 괴물"과 "죽어 있는 원귀"의 동일시를 통한 삶과 죽음의 의의와 함의를 상징적으로 보여준다.

작품「虛像·實像·異象」또한 이와 근거리에 놓인다. "적막이 두렵다오"라는 반복적 어구의 중첩을 통해 죽음에 대한 이미지를 상승, 고조시킨 이 작품은 '허상虛像'과 '실상實像'의 대조적 형상에 대한 화자의 인식의 갈등, 그리고 그 본질에 대한 인식의 고뇌가 종국에는 '異象'으로 인식되는 오도된 사회현상에 대한 비정의 칼날을 행간에 담고 있다. 이 작품 또한 운문과 산문의 결합으로 장르의 해체를 통한 전통적 문체의 저항을 담고 있다.

> 세 발 달린 밥상을
> 생명처럼 뮤즈처럼 가슴 중앙에 깔아놓고, 새벽녘 수탉 우는 소리에 간간이 키보드를 누르기도 했었는데, 갑자기 두 발 잃은 밥상만을 끌어안고 있는 형상이니 무슨 배짱으로 적막감의 노예가 되지 않고 견딜힘이 있겠소.
> 완벽한 그 밥상은 사랑의 놀이터 지혜의 놀이터 정도正道의 놀이터였으니, 불벼락과 함께 잿빛유희를 즐기던 제우스도 멋대로 갈라놓을 수 없는 놀이터였는데 그 군상 놀이터를 잃었음에도 붉은 이불 뒤집어쓰고 코를 골곤 했으니 하늘인들 고개를 끄덕이며 등을 두드리겠소.
>
> 그래서

적막이 두렵다오.

―「虛像·實像·異象」에서

일상적 삶은 신성하다. 인간은 일상적 삶을 통해서 또한 그 삶 안에서만 숭고한 가치를 추구할 수 있다. 때론 적막이 두렵지만 "생명처럼 뮤즈처럼 가슴 중앙에 깔아놓고" 우리는 새벽을 기다려야 한다. 그래 화자는 "삶과 죽음의 경계선상에 우두커니 올라서서 우렁차게 바스락대는 상상상像像象을 응시하며 베개 속에 고개를 쳐 막고 있는가"라고 술회하고 있지 않은가. 언어적 상상력을 고조시키는 이 작품 또한 아나그람의 잠재적 실험을 닮아 있다. 경계허물기와 인문학적 성찰일 것이다.
수필창작에서의 이런 발상은 이른바 전위前衛적, 이른바 아방가르드Avant-garde다. 전통적 문법의 수필에서 보여주던 구체성을 거부한 이런 발상은 '부정적인 것을 다시 부정함으로써 하나의 지향을 이루어내는 긍정적인 평가도 없지 않으나, 전통적 문법에 익숙한 독자들에게는 해석상의 난해함으로 거부감을 느낄 수도 있다. 하지만 아드르노Theodor W. Adorno의 언명과 같이 "전위예술에서 중요시하는 기교를 주관적인 것이 아니라, 문화제도와 작품에 내재되어 있는 집합체로 보고 있다"는 점은 이런 실험적 수필에 대한 시사점이기도 하다.

앞서의 작품에서 보여주던 죽음의 단상은 다음 「똥밭에 구를 바엔 저승이 좋다」에서도 나타난다. 화자는 지금 "화장터 대기실에 우두커니 앉아 보이지 않는 형상으로 번호표를 바라본다"고 했다. "연통 주변에서 검붉은 색으로 너울거리는 한계의 실체"를 바라보며 화자는 '연기의 퍼포먼스'를 연상한다. 죽음에 대한 화자의 정서가 독특하다. 전통적 문안이 아니다. 그의 문학적 상상은 고전적 문법을 벗어나 비록 독자에게는 생경하지만 평범에서 이탈한 사유의 시계를 그려낸다.

> 개똥밭에 굴러도 이승이 좋다는데,
> 오직 그 사람에게 빚을 갚는 마음으로, 그 사람이 떠난 그 모습 그대로 그 사람 뒤를 따라가고 있는 내가 아닌가.
> "이제 비로소 너에게 마음의 빚을 갚고 있어. 이젠 대大 자유를 만끽하기 위해 양심과 심장을 활짝 가동하고 유황불 속이라도 날아다니고 싶어"라고 환호성 지르며 생명 다하는 순간까지 진정 희열을 느끼곤 했는데, 아아 그러나 이승에 남은 두 나무 그들에겐 제우스의 불벼락보다 더 큰 불벼락을 내리치고 말았으니, '나'라는 존재는 정녕, 아니 아니 '너'라는 존재도 정녕, 구제받지 못할 죄인임엔 변명할 여지가 없다.
> —「똥밭에 구를 바엔 저승이 좋다」에서

전통의 파괴는 오히려 전통의 고수다. 고전적 문법의 계승과 전승이 아니라 새로움에 경도된 이 수필의 표제는 역설적이다. "개똥밭에 굴러도 이승이 좋다는데" 화자는 역발상을 통해 의식의 내면 풍경을 그려내고 있다. 삶이란 무엇이며, 죽음이란 또한 무엇인가? 이런 형이상학적인 물음에 대한 해석은 누군가를 위해 기다려주는 여유로운 삶을 희화적으로 진술하고 있다. 그 해답은 바로 '음음'이란 단절음에 담긴 의미의 추적이다. 이런 발상은 앞서의 아나그람의 기법에 기댄 것이 아니었을까. 애초 창작단계에서 이런 기법을 상정하지 않고 제작되었더라도, 작가 오차숙의 내면 의식에는 이런 실험의식이 상존하고 있음을 발견하게 한다.

> 음음
> 이 시대를 통탄하며 그 누군가 말했듯이,

엘리베이터를 탓을 때 '닫기'를 누르기 전 누군가 급하게 달려올지도 모를 그 사람을 위해 몇 초만 더 기다려 주는 삶, 출발신호가 떨어져 앞 차가 서 있어도 클렉션을 빵빵 거리지 말고 잠시 정차해 생生의 기로에 서서 갈등하며 괴로워하고 있을지도 모를 누군가를 위해 몇 초만 더 기다려 주는 삶.

–「똥밭에 구를 바엔 저승이 좋다」에서

진실이 가뭇없이 사라져가는 현실에서 나의 존재는 '그대'를 통하여 드러난다. 그래 데카르트의 "나는 생각한다. 그러므로 존재한다"라는 '나의 존재론'은 "우리는 사랑한다. 그러므로 존재한다"라는 마르셀Marcel의 존재론 또는 '사랑의 존재론'으로 넘어간다. 이렇듯 사랑은 존재물들 사이에 존재론적 고리를 창조하고 '우리'라는 하나의 공통존재를 형성한다. 이 수필은 마치 독백처럼 진술되고 있다. 여기서 기호는 에코Umbert Eco의 말과 같이 언제나 '무엇을 대신 하는 것'이며, 문자는 순수 기호이다. 때문에 글은 독백의 형태로 진술되지만, 대화를 내재한다.

문학적 상상력은 언어—숫자를 통한 산물이다. 한 마디로 문학작품은 작가의 영감을 통해 얻어진다. 그런 의미에서 보면 수필작가 오차숙의 영감은 끝이 없어 보인다. 그의 문학은 자신의 정체성에 대한 질문으로부터 시작된다. 결국 문학적 상상력은 이제 자신의 고정된 틀에서 벗어나 무한 상상의 궤도에 탑승해야 한다는 말이겠다. 그리하여 이 시대에는 문학적인 것과 비문학적인 것 사이의 경계가 더 이상 존재하지 않는 시대로 변모되고 있다.

경해도 봅써마씸.

경해도 봅써마씸.
이젠 비록 양, 탯줄 끊은 족지물에 하늘 높이 내뻗은 팽낭이 어성, 제숙으로 쓸 도새기가 낭 꼭대기에 도라메 있진 안탱 해도, 이승과 저승의 길목에서 목청이 빠져라 고함을 내지르진 안탱 해도,

도새기가 목숨이 끊어진 후, 퉁~ 하고 족지물로 떨어져 공허의 피바람을 뿜어내진 안탱 해도, 순식간에 검은 털이 푹푹 뽑혀지고 배설 창지, 앞다리, 뒷다리 쓱쓱 갈라지며, 슬프도록 청청한 족지물이 피血바당으로 범벅되진 안탱 해도,

내 무의식 속에는 그 옛날 제주에서 돌라 퀴던 풍경들이 흑백으로 펼쳐지며 튀어나오고 이선, 쓸쓸한 그 정체성은 무의식의 황당함, 아니 아니 그 보다 탯줄 끊어 보릿짚 속에 파묻던 어멍의 피 묻은 손이 춤을 추엉 마씸, 내 고향 '오조리'가 대가리 속에 톤톤허게 남아 뱅뱅 돌안 마씸,

어떵, 그곳을 잊어불 수 이시쿠과.
어떵, 그곳을 잊어불 수 이시쿠과.

고랑도 몰릅네다.
고랑도 몰릅네다.

–「고랑도 몰릅네다」의 전문

오차숙의 잠재적 실험은 경계허물기와 인문학적 성찰에 있다. 울리포 작가들이 잠재문학 실험을 통해 '제약'과 '잠재'로 문학을 재편성하려 했듯, 그는 언어가 지닌 기존의 질서에 대한 경계 가로지르기를 실험하고 있다. 작품 「고랑도 몰릅네다」에서 보듯, 화자는 고향이 제주도라 제주도 방언을 작품 속에 그대로 보여준다. 언어적 차이에 익숙하지 않은 독자에게는 전혀 소통이 이루어질 수 없는 장면이다. 말미에 붙어 있는 '참고'가 겨우 해석이

가능케 한다. 기호학자 퍼스Peirce의 견해와 같이, 사물을 찍은 사진과 같이, 기호가 나타내는 닮은꼴을 화자는 창작에 인용하지 않았나 싶다.

> 보소보소.
> 세상은 권태로움 투성이, 그 혼란 속에서 심호흡을 하기 위해 실험수필 - 성性에세이, 아방가르드 에세이, 심지어는 땅속에 매장해 두었던 운동과 여행에도 몰입해 보기도 했지.
> 때론 그 낙타 스스로가 하늘이 되기도 하고 땅이 되기도 하면서.
>
> 아니 그 낙타, 거대한 스승이면서도 자유로운 의식의 선생님을 만나 '구름카페'에서 독한 에스프레소를 생수生水 삼아 도반으로 남을 수 있었으니….
>
> -「에스프레소의 마력」에서

"한낮의 빛이 어둠의 깊이를 어찌 알겠는가"라는 니체Nietzsche의 언명은 위 수필의 지배소支配素이다. 세상의 권태로움, 수필문학 또한 이와 다르지 않다. 작가는 그 권태로움에서 탈출한다. 성性에세이, 아방가르드는 그런 작가의 새로움을 위한 탈출구이다. 기존의 질서를 파괴하고 새로움을 향한 보폭이 양양하다. 그는 낙타가 되어 거대한 스승을 만나고 구름카페에서 에스프레소의 마력을 탐닉한다. 통사적 규칙과 정서법에서 자유로움을 만끽하는 그는 노마드Nomad요, 자유인이다.
하지만 삶이란 긍정과 부정의 충돌로 인한 불안의 징후를 만난다. 그 「불안, 그 이중적 개념」은 지극히 지성적 에세이다. 니체와 에피쿠로스, 카프카, 한병철로 이어지는 전고典故의 인용은 자신의 글쓰기를 이들의 견해에 빗대고 있다.

글을 쓰는 사람들은 마음속에 떠오르는 문제를 글로 써서 해소해 나갈 때 평온이 찾아오긴 한다. 글을 쓰는 사람으로서 글을 쓰지 않는 시간은 늘 불안의 순간이다. 이때 나는 마음의 평정을 찾기 위해 여행 또는 독서나 연극, 목적 없이 걷기, 영화 관람, 카페에서 교감이 통하는 대상과 대화를 나눌 때 심층 깊은 곳에 잠재되어 있는 불안감과 타협하게 된다. 독수리에게 매일 공격당하는 프로메테우스의 간처럼, 재생을 멈추지 않는 '용기'를 생산하며 삶을 향해 천천히 걸어간다.

-「불안, 그 이중적 개념」에서

불안의 징후를 해소하기 위해 화자는 글쓰기로 대체한다. 그래 그에게 있어 "글을 쓰지 않는 시간은 늘 불안의 순간이다"라는 자기 성찰의 자각은 그로 하여금 이런 불안과 타협하게 한다. 그가 모름지기 이런 작가 정신의 소유자이기에 앞서가는 수필가일 수밖에 없지 않은가.

일회적인 삶, 그 삶에 있어 엉거주춤 제자리를 찾으려는 퍼즐 하나, 영원하지 않은 것에 마음을 두기보다, 영원한 것을 위해 남아 있는 에너지를 소진해야 하는데 지금 이 순간 떨고 있는 퍼즐 하나, 어디를 향해 달려갈까.

허허헛

허허헛

-「뚫고 지나가는 사계四季」에서

잠재문학실험에 의하면, 제약은 언어의 사용을 제한한다. 그러나 한계를 부여하는 순간, 새로운 인식의 모험이 시작된다. 제약은 이 작품에서 무의식을 들여다보고, 무의식 안에 살아 숨 쉬는 잠재적인 이미지들을 드러내는데 필요한 조건으로 사물을 낯설게 하는 통념의 전복顚覆일 것이다.

울리포는 다음과 같은 언술로 작가의 글을 개성에서 해방시키고자 하고 있다. 윤성근은 ≪심야책방≫에서 다음과 같이 진술하고 있다. 오차숙의 수필 「뚫고 지나가는 사계四季」를 이해하기 위한 지렛대일 것이다.

> 누구든지 자유롭게 글을 쓰면 자기 편견에 빠지기 쉽다. 특정 작가의 글을 보면 항상 그 작가의 개성이 드러나는 걸 알 수 있다. 작가가 자신도 모르게 자기만의 방식으로 글을 쓰고 있기 때문이다. 이것은 강점이지만 때로는 부작용을 드러내기도 한다. 작가에게 잠재되어 있는 놀라운 글쓰기 능력을 발굴하지 못하기 때문이다. 울리포는 글쓰기에 특정한 제약이나 장치를 둠으로써 작가의 글을 개성에서 해방시킨다.
>
> – 윤성근, ≪심야책방≫, 이매진, 2011, 109쪽

오차숙의 수필 「뚫고 지나가는 사계四季」는 [거꾸로 돌아가서→포위당했었나→그곳은 길이 아니오→떨고 있는 퍼즐 하나]가 병렬로 연접되어 의식의 흐름을 내적 독백을 통해 세밀화처럼 묘사되어 있다. 작가의 개성이 잘 드러나는 이런 자연한 연상聯想은 전통적 기법을 무시한 자유분방한 작가 정신을 간파하게 한다. 윤성근의 지적과 같이 강점은 부작용을 수반하기도 한다. 하지만 분명한 것은 작가에게 잠재되어 있는 놀라운 글쓰기 능력일 것이다. 실험적 수필에 능한 작가만의 독특한 발상법이다. '허허헛'을 반복한 기표의 의미가 갖는 실존의 깊이를 이해하기에는 그 해석이 그리 쉽지만은 않다. 오늘의 실험수필이 갖는 취약함이자, 이론적 배경의 얕음이 주는 걸림돌일 것이다.

4. 에필로그를 대신한 오차숙의 실험이 주는 수필적 지형

이제 이 글의 마무리로 들어가고자 한다. 이 논의는 한국실험수필의 선두에 있는 수필작가 오차숙의 새로운 수필지평을 가늠하게 하는 수필집

≪흔적 아닌 것이 없다≫의 작품세계를 고구함에 목적을 두었다. 이를 위해 본 논의의 초점은 그의 수필의 잠재적 경향을 살피는데 중점을 두었다. 따라서 이 글에서는 그의 수필의 지평을 전통적 문법이 아닌 새로움에 두었다. '잠재문학실험의 경계허물기와 인문학적 성찰'이라는 다소 생경한 모듈을 그의 수필적 지형으로 설정함으로써, 앞서가는 그의 수필의 자리를 탐구하고자 하였다.

이런 관점에서 살펴본 오차숙의 일련의 수필들이 보여주는 수필적 지형은 '통속문학–키치에서 전복적 예술로'의 전환으로, 감성적 언표 보다는 개념적 언표 중심의 형태적 특이성을 보여줌으로써 독자를 낯설게 하고 있다. 이런 오차숙의 잠재적 실험에 입각한 수필쓰기의 예는 여러 작품에서 구체화되고 있다. 이는 일종의 문자학적 실험 즉 언어적 상상의 외연 넓히기일 것이다. 특히 일부 수필에서 엿보이는 아나그람Anagram, 이른바 어구전철語句轉綴을 실험한 잠재문학적 실험은 실험수필의 시사하는 바가 크다고 하겠다. 아울러 수필 「훨활타령」과 「虛像·實像·異象」에서 보듯, 그의 수필은 전통적 수필문법과의 경계 허물기에 서 있으며, 존재 인식과 각성은 인간학적 수필의 전형적인 모듈module로 굴절 변용되고 있다. 이런 오차숙의 잠재적 실험은 경계허물기와 인문학적 성찰에 있다고 하겠다. 울리포 작가들이 잠재문학 실험을 통해 '제약'과 '잠재'로 문학을 재편성하려 했듯, 그는 언어가 지닌 기존의 질서에 대한 경계 가르기를 실험하고 있다고 하겠다.

"얼굴은 풍경이다"라고 했다. 바로크 예술은 그 어원 자체가 '괴상하다'에서 유래하였듯, 왜곡과 과장을 인위적으로 연출하여 보는 방식의 차이에 따라 풍경화도 되고, 인물화도 된다. 이른바 중의성重義性이다. 그렇기에 문학에서 '낯설게 하기'와 같은 대상에 대한 작가의 새로운 각도와 시선이 필요하지 싶다. 사물을 물구나무를 서서 보든, 그림을 회전시켜 보든 새로운 시각의 차이에서 의미의 다양성을 추구해야만 할 것이다. 수필이 그럴 때에 참신성과 창의성을 확보하게 될 것이다.

변화는 생명이다. 문학의 정체성 찾기와 실험정신은 그 길이 될 것이다. 그렇기에 정체성의 축이 구심력이라면, 장르의 전통을 계승해 나가면서 문학적 지배 영역을 확충해 가는 실험정신은 원심력에 해당될 것이다. 따라서 '현대성의 수용 실험'은 수필의 정체성을 찾는 길이 될 것이다. 문제는 현대의 철학과 미학을 새로운 수필의 문학관에 어떻게 접목시키느냐에 있을 것이다. 그때 비로소 실험다운 실험으로서의 가치와 의미를 지니게 될 것이다. 이 점은 작가 오차숙도 더욱 깊이 성찰하고 연구할 부분일 것이다. 한국수필은 이제 그를 통해 새로운 변신을 시도하지 않을까 싶다. 오차숙의 새로운 수필집 ≪흔적 아닌 것이 없다≫의 출간은 한국수필의 경이로운 일이겠다.

흔적 아닌
것이 없다